Reformar, Mejorar, Conquistar

EL PATIO DEL ENFOQUE

Burla a tu Procrastinación con Ejercicios Divertidos y Efectivos

POR ARTHUR KAPTEIN

Ultimate Brainstorming

www.UltimateBrainstorming.com

ISBN: 9798875957130

"Esta [procrastinación] es una de las causas más comunes del fracaso.

'El Viejo Hombre Procrastinación' se encuentra dentro de la sombra de cada ser humano, esperando su oportunidad para arruinar las posibilidades de éxito.

La mayoría de nosotros vivimos como fracasados porque estamos esperando a que el 'momento sea el correcto' para empezar a hacer algo que valga la pena."

— Napoleon Hill,
en "Piense y Hágase Rico"

Índice

Potencia tu Enfoque:
Juegos Mentales para una Mente más Aguda

Venciendo el Castillo de la Procrastinación:
Ejercicios Prácticos para la Transformación

Sección de Bonificación:

- **Manual de la Procrastinación:**
  10 Ideas Adicionales para el Manual de la
  Procrastinación
  (página 237)

Conclusión:

De Rompecabezas Juguetón a Maestro de la Productividad:
Celebrando tu Transformación y Abrazando un Futuro
Centrado
(página 241)

Acerca del Autor
(página 244)

INTRODUCCIÓN

BIENVENIDO AL PATIO DEL ENFOQUE:
Venciendo la Procrastinación con Juego

COMPRENDIENDO EL ROMPECABEZAS DE LA PROCRASTINACIÓN:
Explorando las razones
por las que nos Demoramos

DESATANDO EL PODER DEL JUEGO:
Cómo los Juegos Mentales
Pueden Hackear tu Enfoque

"La procrastinación es una de las
enfermedades más comunes y mortales,

y su impacto en el éxito y la felicidad
es significativo."

\- Wayne Gretzky

BIENVENIDO AL PATIO DEL ENFOQUE:
Venciendo la Procrastinación con Juego

Tu Escape del Purgatorio de la Procrastinación

Aléjate del interminable desplazamiento, amigo mío, y deja atrás la aburrida tediosidad del Purgatorio de la Procrastinación. Aquí, dentro de las paredes vibrantes y estimulantes del Patio del Enfoque, tu lista de tareas se transforma en un mapa estratégico, los plazos se convierten en pulsantes contadores regresivos, y la monstruosa procrastinación, una vez una temible bestia, se reduce a una distraída y manejable (y vagamente adorable) comadreja de distracción.

Todos hemos estado ahí, ¿verdad?

Atrapados en ese páramo desolado donde los correos electrónicos se multiplican como esferas rodantes, los informes acumulan polvo como antiguos pergaminos y la inminente presentación se burla de nosotros desde la esquina de nuestra visión.

Es un ciclo vicioso, alimentado por el aburrimiento, el miedo y esa voz interna siempre presente susurrando: "¡Solo cinco minutos más!" Pero escucha, estimado profesional, porque dentro de estas tierras juguetonas yace un arma secreta mucho más potente que cualquier aplicación de productividad o técnica de gestión del tiempo:

¡El poder del juego!

Imagina:

- Rompecabezas juguetones que despiertan tu curiosidad y avivan tu pensamiento estratégico.

- Juegos mentales que agudizan tu enfoque como un maestro afilando su cuchilla.

- Tareas no como obligaciones, sino como desafíos meticulosamente diseñados esperando ser conquistados.

Esto, amigo mío, es la magia del Patio del Enfoque. Aquí, no librarnos de la procrastinación como una guerra; la superamos con ingenio lúdico.

- ¿Recuerdas la exaltación de resolver un problema complejo?

- ¿El puño triunfante después de superar una meta desafiante?

- ¿La satisfacción silenciosa de completar un proyecto con excelencia?

Vamos a aprovechar esa impulsión humana intrínseca por la maestría lúdica y canalizarla hacia un enfoque láser y una motivación sostenida.

Tu lista de tareas, una vez un desplazamiento tedioso, se convierte en un mapa de campaña, cada tarea completada un objetivo estratégico alcanzado, y tú, el líder intrépido orquestando tu propio éxito.

Este libro es tu llave para desbloquear este país de maravillas de productividad profesional. Cada capítulo es una expedición lúdica que te guía a través de ejercicios interactivos, estímulos creativos y desafíos que desafían tu mente, diseñados para impulsar tu enfoque, optimizar tu flujo de trabajo y convertir tu lista de tareas en un patio de posibilidades.

Te convertirás en un experimentado arqueólogo de la procrastinación, desenterrando las raíces psicológicas de tus tácticas de evasión y descubriendo estrategias juguetonas para superarlas con gracia y risas.

Piensa en ello como un entrenamiento ejecutivo reinventado para el profesional moderno. Imagina construir fortalezas de enfoque con notas adhesivas y pizarras, jugar al Jenga de la gestión del tiempo con plazos y celebrar victorias con palmadas de equipo (o vítores virtuales, si eso es lo tuyo).

Reiremos, aprenderemos y conquistaremos juntos, demostrando que la productividad no tiene que ser una marcha sombría, sino un vibrante carnaval donde tú, el arquitecto juguetón, diseñas tu propio camino hacia el éxito.

Esto no es un campo de entrenamiento para el sargento instructor de productividad. Es un patio de recreo para el innovador interno, el solucionador creativo de problemas, el soñador que se atreve a conquistar sus metas con una mente estratégica y un espíritu lúdico.

Establecerás tu propio ritmo, elegirás tus propias aventuras y descubrirás el poder juguetón que llevas dentro para desbloquear tu verdadero potencial.

Entonces, ¿estás listo para atravesar el portal y entrar al Patio del Enfoque?

Deja tu teléfono, cierra esa pestaña distractora y toma tu brújula de curiosidad. ¡Tu aventura profesional te espera! Reúne a tus amigos, colegas, o emprende incluso este viaje en solitario.

Recuerda, en el Patio del Enfoque, la única competencia es contigo mismo, y el mayor premio es la satisfacción de alcanzar tus metas con facilidad y juego.

COMPRENDIENDO EL ROMPECABEZAS DE LA PROCRASTINACIÓN:
Explorando las Razones por las que Nos Demoramos

La procrastinación no es simplemente una demora casual; es un laberinto de obstáculos internos, cada giro y vuelta tejidos a partir de un complejo tapiz de fuerzas psicológicas.

Antes de embarcarnos en esta búsqueda de productividad centrada, iluminemos las sombras que acechan dentro de este intrincado laberinto.

<u>Miedo</u>

¿Alguna vez has sentido un temor creciente al acercarte a una tarea, un temblor escalofriante que hace que tus dedos planeen sobre el botón de "posponer" en tu lista de pendientes?

Esta fuerza invisible, este maestro arquitecto de la procrastinación, no es otro que el miedo. Sus manos heladas tejen un laberinto de dudas, arrojando sombras de fracaso y juicio que paralizan incluso a los más resueltos entre nosotros.

Hoy, nos aventuramos en el corazón de este laberinto, para desenmascarar las diversas apariencias del miedo y recuperar nuestro poder sobre las tareas que nos esperan.

Desentrañando las Falsas Apariencias del Miedo

El miedo, el maestro arquitecto, opera disfrazado. Puede aparecer como el espectro helado del fracaso, sus susurros gélidos resonando en torno a cada plazo incumplido y cada intento imperfecto. Este miedo nos tiene prisioneros, convenciéndonos de que cualquier empeño está condenado a la decepción, y que nuestros esfuerzos solo cosecharán desprecio y burla.

Alternativamente, el miedo se enfunda la máscara del juicio, transformando nuestro crítico interno en un supervisor despiadado. Su ojo vigilante escudriña cada decisión, cada paso en falso, y los amplifica en resonantes fracasos, dejándonos paralizados por la necesidad de validación externa.

Incluso la tarea más mundana, bajo la mirada vigilante del miedo, se convierte en una peligrosa pared de roca, tentándonos a retroceder hacia la cómoda familiaridad de la procrastinación.

Sin embargo, dentro del laberinto del miedo yace una chispa de verdad. El miedo al fracaso puede iluminar áreas que necesitan mejora, impulsándonos a perfeccionar nuestras habilidades y aspirar a la excelencia.

De manera similar, el miedo al juicio puede ser un catalizador para la introspección, incitándonos a alinear nuestras acciones con nuestros valores y forjar nuestro propio camino, liberados de las expectativas externas.

La clave no radica en desterrar completamente el miedo, sino en comprender su función y transformarlo en una fuente de crecimiento y empoderamiento.

Emergiendo del Laberinto, Victoriosos

Enfrentarse al maestro arquitecto interno no garantiza una victoria fácil. El miedo, siempre ingenioso, seguirá susurrando sus dudas y proyectando sus sombras.

Pero armados con autoconocimiento y un espíritu de resiliencia, podemos navegar el laberinto, un paso cuidadoso a la vez.

Podemos reconocer la presencia del miedo, identificar sus disfraces y elegir avanzar, no a pesar de él, sino abrazando las lecciones que ofrece y aprovechando su energía como combustible para nuestro propio progreso.

De esta manera, emergemos del laberinto no como víctimas de la procrastinación, sino como vencedores sobre nuestros propios miedos, listos para reclamar nuestro lugar legítimo en la arena de la ambición y el logro.

Recuerda, el laberinto del miedo es tuyo para explorar, tuyo para conquistar. Adelante, querido lector, y reclama tu poder para tomar acción, un paso valiente a la vez.

Perfeccionismo

Imagina un espejismo resplandeciente titilando en la distancia, atrayéndote con la promesa de logros impecables.

Esta es la ilusión seductora del perfeccionismo. Su encanto es innegable, susurrando garantías de grandeza y brillantez; sin embargo, al examinarlo de cerca, se revela como un páramo estéril de dudas paralizantes y revisiones interminables.

Hoy, corremos el velo sobre este espejismo, exponiendo las verdades y desafíos que yacen debajo de su deslumbrante superficie.

Derrocando al Rey del Perfeccionismo

El perfeccionismo, autoproclamado rey de este dominio estéril, reina con puño de hierro. Cada frase se convierte en un campo de batalla, plagado de revisiones y reescrituras; cada proyecto se transforma en una bestia insaciable, exigiendo atención y perfeccionamiento constante.

Los plazos, simples susurros ante esta implacable persecución, se desvanecen en el olvido, reemplazados por la ansiedad constante de la perpetua incompletitud. Bajo el régimen del perfeccionista, incluso la más mínima imperfección adquiere proporciones monumentales, su sombra proyectando un velo sobre cualquier atisbo de progreso.

Pero bajo la superficie pulida de este ideal seductor se esconde una trampa oculta. La búsqueda incesante de la perfección fomenta un entorno paralizante de auto-duda y comparación. Nuestro trabajo, perpetuamente quedando corto de nuestros estándares imposibles, engendra insatisfacción y desánimo. Nos quedamos paralizados por el miedo al fracaso, nuestra fuente creativa sofocada por las malas hierbas del autojuicio.

Sin embargo, dentro de este paisaje árido, brota una semilla de esperanza. El perfeccionismo, aunque exigente, también puede ser un catalizador para la excelencia. Su meticulosa atención al detalle puede impulsarnos a perfeccionar nuestras habilidades y aspirar a alturas cada vez mayores. La clave no está en desechar por completo el perfeccionismo, sino en recuperar su poder y transformarlo en una herramienta de crecimiento, no un instrumento de auto-tortura.

Debemos aprender a celebrar el progreso sobre la perfección, abrazando la evolución natural de nuestro trabajo y encontrando belleza en el viaje, no solo en el destino.

Salir del Oasis de la Ilusión

Dejar el escenario seductor del perfeccionismo requiere valentía y autocompasión. Debemos desmantelar el espejismo, ladrillo por ladrillo, reemplazando la búsqueda implacable de la perfección con una celebración del esfuerzo y el aprendizaje.

Esto no significa abandonar la calidad, sino abrazar el valor inherente de la imperfección, reconociendo que el progreso, no la perfección, es la verdadera medida de nuestro valor.

Al dar un paso fuera de las arenas siempre cambiantes de la ilusión, entramos en el vibrante reino de la posibilidad, donde la aceptación de uno mismo alimenta nuestro fuego creativo y nuestras imperfecciones se convierten en escalones en el camino hacia un logro genuino.

Así que deja atrás el resplandeciente espejismo. Abraza el viaje, celebra los tropiezos y deja que tu auténtico yo brille.

Recuerda, la obra maestra no radica en alcanzar la perfección, sino en el valiente acto de la creación misma. Adelante, libérate de las cadenas del rey perfeccionista y pinta tu propio paisaje vibrante del éxito.

<u>Aburrimiento</u>

¿Alguna vez has sentido la tirantez insidiosa del aburrimiento, esa sutil atracción hacia cualquier cosa menos la tarea que tienes entre manos?

Llega sin previo aviso, una canción de sirena de distracción, susurrando promesas de emoción en los rincones mundanos de tu vida. De repente, archivar facturas parece tan emocionante como escalar el Monte Everest en chanclas, mientras la sirena canta sobre organizar el estante de especias o poner en orden los libros por orden alfabético.

Esta es la seducción del aburrimiento, el maestro del desvío, y hoy aprendemos a resistir su llamada seductora.

Desenmascarando la Seducción de lo Mundano

El aburrimiento no lleva la capa llamativa del miedo ni la túnica brillante del perfeccionismo. Es un enemigo sutil, acechando en las sombras de tareas tediosas, sus susurros insidiosos y familiares. Frente a la monotonía aplastante de un proyecto, nuestras mentes se rebelan, buscando refugio en los pastos más verdes de la distracción.

Nos convertimos en maestros del desvío, yendo de revisar nuestros teléfonos a reorganizar la despensa, cada objeto brillante una fuga temporal de la tediosidad que tenemos frente a nosotros.

Este aleteo mental no es solo una ociosidad inofensiva; es un sumidero de productividad, tragándose el tiempo precioso y dejándonos con una lista de tareas perpetuamente desbordada.

Sin embargo, dentro de la canción del aburrimiento yace una verdad oculta. La monotonía que expone puede ser un catalizador para la creatividad. Al abrazar la rutina, desbloqueamos el potencial para la innovación lúdica. De repente, archivar facturas puede convertirse en un juego de eficiencia, y organizar libros en un rompecabezas por resolver.

Esto no se trata de negar la existencia del aburrimiento, sino más bien de aprovechar su energía para inyectar emoción en lo mundano. Somos arquitectos de nuestro propio enfoque, y dentro de las tareas más insípidas yacen semillas de posibilidad juguetona.

Reclamando el Timón de la Atención

Vencer al aburrimiento requiere un cambio de perspectiva. Debemos desechar el papel de pasajeros pasivos en el río de la distracción y reclamar el timón de nuestra atención. Esto implica reconocer el llamado de la sirena, entender su atracción, pero elegir avanzar, no a pesar de ella, sino con ella.

Podemos impregnar tareas con elementos juguetones, convertir la rutina en un juego y celebrar las pequeñas victorias del progreso. Recuerda, incluso el viaje más mundano se convierte en una aventura cuando le inyectas un toque de imaginación y una pizca de autocompasión.

Entonces, la próxima vez que escuches los susurros del aburrimiento, no dejes que te desvíen. En cambio, toma tu brújula de creatividad y emprende una búsqueda para transformar lo ordinario en extraordinario.

Recuerda, el enfoque es tu superpoder y, con un poco de ingenio, incluso la tarea más monótona puede convertirse en un peldaño en tu camino hacia la productividad y la alegría. Embárcate en tu propia aventura enfocada y deja que la sirena del aburrimiento cante en los rincones vacíos de tu mente.

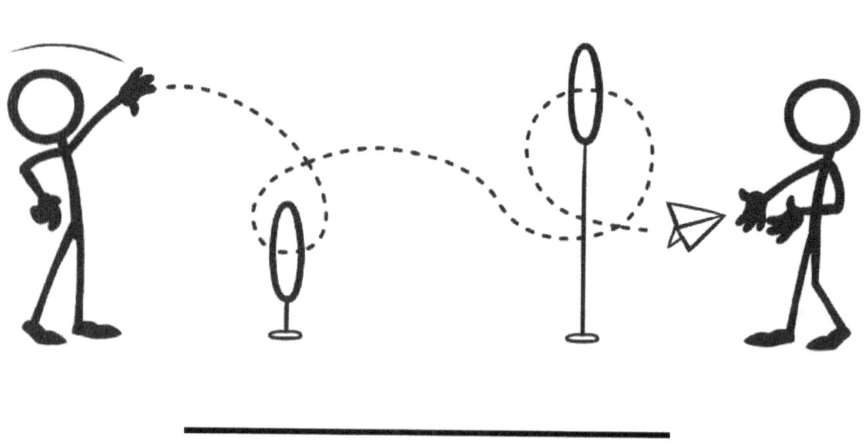

Hambruna de Enfoque

En el bullicioso mercado de nuestro mundo hiperconectado, algo precioso está siendo robado: nuestro enfoque. No por un villano imponente o un astuto ladrón, sino por una multitud de distracciones aparentemente insignificantes, cada una compitiendo por un fragmento de nuestra atención que disminuye constantemente.

Esta es la silenciosa epidemia de la hambruna de enfoque, y hoy hacemos sonar la alarma, exponiendo sus tácticas y reclamando nuestra soberanía mental.

Los Ladrones Digitales y su Botín Resplandeciente

Nuestras mentes, alguna vez vastos paisajes de concentración, son ahora bazares digitales rebosantes de estímulos. Un pájaro que canta afuera, una notificación que parpadea en nuestros teléfonos, el seductor abismo de las redes sociales: cada uno, un llamativo objeto compitiendo por nuestra mirada, un astuto carterista en el reino de la atención.

Vagamos de un juguete digital a otro, nuestro enfoque parpadeando como una vela en un huracán, incapaces de centrarnos en la tarea en curso.

Los correos electrónicos quedan sin abrir, los informes quedan a medio escribir y los plazos acechan amenazadoramente, víctimas del gran robo de la atención.

Pero dentro de este caótico mercado, permanece una chispa de esperanza. El enfoque, aunque parezca escaso, no está perdido. Al igual que cualquier recurso valioso, requiere una cultivación diligente y una protección estratégica.

Debemos reconocer a los astutos ladrones que roban nuestra atención, comprender sus tácticas y construir barricadas impenetrables alrededor de nuestros santuarios internos de enfoque.

Reclamando Tu Mercado Mental

Vencer la hambruna de enfoque exige una revolución, una recuperación de nuestros mercados mentales. Debemos convertirnos en los porteros de nuestras propias mentes, discerniendo entre lo verdaderamente valioso y los efímeros objetos que amenazan con distraernos.

Esto implica silenciar notificaciones, establecer límites con la tecnología y crear espacios sagrados para el trabajo profundo. Recuerda, el enfoque no es un lujo, es una necesidad. Es la base de la productividad, el combustible para la creatividad y la clave para desbloquear nuestro máximo potencial.

Así que aléjate del bazar digital y entra en la arena del enfoque. Recupera tu atención, una respiración consciente a la vez.

Utiliza la tecnología como una herramienta, no como un tirano, y cultiva el terreno fértil de tu mente para que florezca el trabajo profundo.

Recuerda, eres el amo de tu propio mercado mental, y con conciencia e intención, puedes recuperar tu enfoque y abrir las puertas a un mundo de logros centrados.

Construye tu fortaleza de enfoque y reclama tu derecho a una mente presente, productiva y verdaderamente tuya. El mercado de tu atención espera, listo para transformarse de un bullicioso bazar en un refugio de productividad enfocada.

Comprender estos laberintos internos es el primer paso para escapar de sus garras. Al identificar las fuerzas ocultas en juego, podemos crear las herramientas para navegar por sus giros y vueltas. Podemos construir confianza para desafiar al miedo, cuestionar la tiranía del perfeccionismo, inyectar juego en tareas monótonas y cultivar un enfoque láser en medio de la tormenta digital.

Entonces, toma tu brújula metafórica y únete a nosotros en este viaje de autodescubrimiento. Juntos, podemos desentrañar los hilos intrincados de la procrastinación, iluminar el camino hacia la productividad enfocada y salir del laberinto como vencedores, no víctimas, de nuestras propias acciones demoradas.

Recuerda, la clave para vencer la procrastinación yace dentro, esperando ser desbloqueada con curiosidad, autoconocimiento y una buena dosis de ingenio estratégico.

DESATANDO EL PODER DEL JUEGO
Cómo los Juegos Mentales
Pueden Hackear tu Enfoque

- ¿Recuerdas la satisfacción electrizante de finalmente resolver ese Cubo de Rubik?

- ¿El triunfal bombeo de puño después de navegar por un rompecabezas de sudoku diabólicamente complejo?

- ¿O el zumbido cerebral colaborativo mientras tú y tus amigos desentrañaban un enigma en un juego de mesa de misterio?

Resulta que esos recuerdos de la infancia y las emocionantes noches de juegos no son solo ecos nostálgicos; son el arma secreta que hemos pasado por alto en nuestra batalla contra la temida bestia de la procrastinación.

Olvídate de los polvorientos libros de texto y las marchas forzadas a través de ejercicios monótonos. Aparta, repetición aplastante del alma. Estamos dando la bienvenida a un nuevo héroe al campo: la fuerza juguetona y potente del Juego Mental.

No se trata de los crucigramas de tu abuela (aunque los crucigramas tienen su lugar). Hablamos de juegos que retuercen tu perspectiva como un caleidoscopio y desafíos que te dejan tarareando con la dulce satisfacción del logro.

Al participar en estos ejercicios lúdicos, desbloqueamos una bóveda oculta: el Poder del Juego, un elixir potente que transforma nuestra aproximación a la productividad, el enfoque y, sí, incluso a vencer la procrastinación.

Pero, ¿cómo logran estos juegos mentales su magia?

Adentrémonos en el laboratorio secreto de nuestras mentes:

1. Arquitectos de la Atención:

¿Alguna vez has mirado fijamente una página en blanco, con tu mente revoloteando como una mariposa persiguiendo rayos de sol? ¿O tal vez, como un cachorro curioso al atardecer, tu atención se desvía de un objeto brillante a otro, dejando tareas importantes envueltas en las sombras del olvido?

No temas, porque dentro del vibrante patio de recreo de tu mente yace una solución:

¡Arquitectos de la Atención!

Olvídate de los ejercicios draconianos y la repetición monótona. No se trata de encadenar nuestro enfoque a un escritorio polvoriento con cadenas oxidadas de aburrimiento.

En su lugar, imagina entrenadores amables, hábiles en el arte de redirigir a ese cachorro errante de la atención.

Con rompecabezas juguetones y juegos atractivos, transformarán tu mente en un gimnasio de enfoque, donde cada desafío es un entrenamiento y cada misterio resuelto es un trofeo.

Construyendo la Fortaleza del Enfoque

Imagina tu mente como un majestuoso castillo, pero con un problema: los perros guardianes de la atención están dormidos bajo un árbol salpicado de sol.

Entra en escena los Arquitectos de la Atención, armados con acertijos de palabras que afinan tu agilidad mental como un entrenamiento de esgrima. Te convertirán en un ninja de la colocación de letras, cortando a través de la confusión y tejiendo comprensión con cada oración críptica resuelta.

Pero el entrenamiento no se detiene ahí. Los juegos de memoria se transforman en campos de entrenamiento para el cerebro, forjando tus músculos de recuerdo en acero mediante la repetición y el desafío. Los desafíos espaciales se convierten en intrincados laberintos, obligando a tu mente a trazar nuevas rutas, navegar con precisión y conquistar la niebla del olvido.

Cada ejercicio es un ladrillo en las paredes de tu fortaleza de enfoque, fortaleciendo sus defensas contra la avalancha de distracciones.

¿Y qué hay de la motivación, el combustible que mantiene ardiendo el fuego del enfoque?

Los Arquitectos de la Atención también tienen eso cubierto. Con cada rompecabezas resuelto, una oleada de satisfacción te envuelve, una bandera de victoria ondeando orgullosamente en la brisa de tu logro.

La emoción de vencer a un amigo en un desafío de trivia, el orgullo tranquilo de dominar una maratón de sudoku: estas son las recompensas que te mantienen comprometido, transformando la productividad en un emocionante juego donde cada tarea completada es un nivel ascendido.

Reclamando tu Reino de Concentración

Ya no es necesario que deambules por el desierto de pensamientos distraídos. Con los Arquitectos de la Atención a tu lado, puedes construir una magnífica fortaleza de enfoque, un desafío juguetón a la vez. El cachorro errante de tu mente se transformará en un guardián leal, en pie de alerta contra la embestida de distracciones.

Recuerda, tú eres el gobernante de tu reino mental y, con el Poder del Juego como tu aliado, puedes reinar sobre un reino de concentración láser, desbloquear todo tu potencial y conquistar tu lista de tareas con un triunfo lleno de facilidad.

Así que respira profundamente y adéntrate en el patio de recreo de tu mente. Los Arquitectos de la Atención te esperan, listos para guiarte en tu viaje hacia una victoria enfocada, productiva y sí, incluso lúdica.

2. Mezcladores de Motivación:

¿Alguna vez has mirado fijamente una lista de tareas, sintiendo el frío agarre del "no hoy" en tus huesos?

La página en blanco ante ti podría ser tan áspera como lija en tu entusiasmo, y las tareas inminentes, dunas áridas que se extienden hacia el horizonte del aburrimiento.

No temas, porque en el vibrante laboratorio de tu mente, una transformación te espera:

¡Los Mezcladores de Motivación!

Olvídate de las conferencias aburridas y rutinas aplastantes. Estos no son los gurús de la productividad de tu abuela, dispensando consejos insulsos y motivación apagada. Los Mezcladores de Motivación son maestros alquimistas, convirtiendo la arena de la apatía en la chispa de la adrenalina lúdica.

Con cada juego, agitan un cóctel potente de victoria y alegría, encendiendo tu impulso interno y convirtiendo la procrastinación en un recuerdo lejano.

Saboreando el Elixir Juguetón

Imagina la dulce satisfacción de descifrar un código críptico, el efervescente chisporroteo del triunfo después de vencer a un amigo en una ronda rápida de charadas.

O tal vez el resplandor tranquilo y contemplativo de dominar un Cubo de Rubik, cada giro y vuelta una pequeña melodía de victoria tarareada por tu alma.

Estos, amigo mío, son los goterones almibarados del logro, los elíxires embriagadores que los Mezcladores de Motivación preparan.

Con cada tarea completada, por pequeña que sea, llenan tu taza de motivación. La emoción de resolver un crucigrama se convierte en un ascenso en la escalera de la productividad, cada maratón de Sudoku una batalla contra el monstruo del aburrimiento. De repente, el trabajo se transforma en un emocionante juego, tu lista de tareas una búsqueda llena de desafíos emocionantes y botín gratificante.

Y la magia no se detiene ahí. Estos mezcladores conocen el ingrediente secreto: el juego. Al infundir el aprendizaje y el enfoque con diversión, desbloquean un reservorio oculto de motivación intrínseca. No más arrastrarse a través de las tareas con los dientes apretados; estarás bailando a través de los plazos, impulsado por la pura alegría del juego.

De la Página en Blanco a la Hoguera Estruendosa

Así que despídete de los días de masticar arena y da la bienvenida a la era de los Mezcladores de Motivación. Con ellos como tus guías, transformarás esa página en blanco en un lienzo de posibilidades, tu lista de tareas en un mapa del tesoro que te lleva a la alegría y el logro.

Recuerda, dentro de ti yace un manantial de motivación, esperando ser agitado por las pociones juguetonas de estos maestros de la alquimia mental. Abraza el juego, saborea los triunfos y observa cómo tu hoguera de productividad arde brillante, desterrando las sombras de la procrastinación para siempre.

3. Cazadores de Estrés:

- ¿Las enredaderas espinosas de la procrastinación te rodean, sus zarcillos de ansiedad apretando la motivación de cada tarea?

- ¿Las fechas límite inminentes se sienten como una olla a presión a punto de explotar, arrojando estrés por todas partes y afectando tu concentración?

No temas, porque dentro del vibrante jardín de tu mente aguarda una hierba potente:

¡El Cazador de Estrés!

Olvídate de las aplicaciones de meditación insulsas y los mantras forzados de atención plena. Estos Cazadores de Estrés no son tus típicos gurús de la serenidad, susurrando lugares comunes a una mente que ya bulle de preocupaciones.

Son maestros jardineros, empuñando las herramientas vibrantes de desafíos juguetones y juegos atractivos para desarraigar las malas hierbas invasoras de la ansiedad, dejando tu suelo mental fértil y listo para la productividad.

Veneno Juguetón para las Raíces del Estrés

Imagina el suave murmullo de tu mente mientras navegas por un laberinto de rompecabezas, las preocupaciones desapareciendo momentáneamente como la niebla bajo el sol de la mañana.

O tal vez la satisfacción tranquila de dominar un desafío lógico, sus giros e intrincados movimientos desenredando los nudos enredados de estrés en tu pecho.

Estos, amigo mío, son los antídotos potentes que los Cazadores de Estrés elaboran a partir de las flores juguetonas de los juegos mentales.

Al desviar tu atención de las nubes tormentosas de preocupación, estos juegos ofrecen un escape temporal de la olla a presión de tu lista de tareas pendientes.

Es como un día de spa mental, un refrescante chapuzón en una piscina de enfoque donde las fechas límite y las ansiedades se disipan como burbujas en la brisa.

De repente, esas tareas imponentes no aparecen como paredes opresivas, sino como obstáculos juguetones en un emocionante curso de obstáculos.

Y la magia no se detiene ahí. A medida que participas en estos desafíos juguetones, tus niveles de estrés disminuyen naturalmente. Las ansiedades que bombean cortisol se calman, reemplazadas por la sinfonía de dopamina del logro.

Cada rompecabezas resuelto, cada desafío conquistado, se convierte en un bálsamo calmante para tus nervios desgastados, preparando tu mente para un regreso tranquilo y enfocado a tus tareas.

De la Olla a Presión al Santuario Juguetón

Dile adiós a los días de olla a presión y dale la bienvenida a la era de los Cazadores de Estrés. Con ellos como tus guías, transformarás ese crisol mental de ansiedad en un jardín de enfoque juguetón, tu lista de tareas pendientes en un fragante ramo de desafíos alcanzables.

Recuerda, dentro de ti yace un pozo de paz interior, esperando ser nutrido por las herramientas juguetonas de estos maestros de la jardinería mental.

Abraza el juego, cultiva la calma y observa cómo tu productividad florece, vibrante e inalterada por las espinas del estrés.

4. Catalizadores de Creatividad:

- ¿Sientes que tu artista interior está hibernando en una cueva de clichés?

- ¿Tu pozo creativo está perpetuamente seco, arrojando motas de polvo en lugar de deslumbrantes diamantes de inspiración?

No temas, porque dentro del taller vibrante de tu mente aguarda una chispa potente:

¡Los Catalizadores de Creatividad!

Olvídate de los libros de texto polvorientos y las marchas forzadas a través de ejercicios poco inspiradores. Estos Catalizadores no son tus típicos gurús de la creatividad, dispensando consejos trillados y sugerencias predecibles. Son maestros alquimistas, empuñando las herramientas juguetonas de juegos mentales y desafíos cautivadores para despertar a la musa dormida dentro de ti, transformando tu mente en una forja vibrante de perspectivas frescas.

Encendiendo la Chispa de lo No Convencional

Imagina la experiencia que retuerce la mente al resolver un rompecabezas de pensamiento lateral, su giro inesperado sacudiendo tu cerebro de su rutina habitual.

O tal vez sientas la oleada de inspiración al navegar por un laberinto de palabras, conectando conceptos aparentemente dispares en un brillante collar de ideas innovadoras.

Estas, mi amigo, son las chispas crepitantes que los Catalizadores de Creatividad encienden con su arsenal de juegos juguetones.

Al estimular diferentes rincones de tu cerebro, estos ejercicios derriban las rígidas paredes del pensamiento convencional. Te obligan a doblar, retorcer y contorsionar tus músculos mentales, forjando nuevas vías neuronales que conducen a territorios inexplorados de la imaginación.

De repente, ese informe aburrido se transforma en una historia detectivesca impulsada por datos, donde los números se convierten en pistas en un misterio emocionante. Esa presentación se convierte en una narrativa cautivadora, rebosante de giros y vueltas inesperadas.

¡Y la magia no se detiene allí!

Al participar en estos desafíos juguetones, tu confianza creativa florece. Cada rompecabezas resuelto, cada desafío conquistado, se convierte en una pequeña bandera de victoria plantada en el suelo fértil de tu imaginación.

Comienzas a confiar en tus propios pensamientos no convencionales, abrazar la belleza de lo extraño y maravilloso, y observar cómo tu destreza creativa florece con una nueva libertad.

De Artista Latente a Maestro Cuentacuentos

Así que despídete de los días de hibernación creativa y da la bienvenida a la era de los Catalizadores de Creatividad. Con ellos como tus guías, transformarás esa cueva polvorienta de clichés en un bullicioso taller de innovación, y tu lista de tareas se convertirá en un lienzo rebosante de posibilidades.

Recuerda, dentro de ti yace un Picasso latente, un Spielberg silencioso, esperando ser despertado por las herramientas juguetonas de estos maestros de la alquimia mental.

Acepta el juego, enciende la llama de la imaginación y observa cómo tu creatividad arde intensamente, pintando tu mundo con vibrantes obras maestras de originalidad.

Da un profundo suspiro y adéntrate en el vibrante taller de tu mente. Los Catalizadores de Creatividad te esperan, listos para avivar las llamas de tu musa interior y convertirte de un artista latente en un maestro cuentacuentos, tejiendo relatos de maravilla e innovación con cada pensamiento.

Entonces, ¿estás listo
para liberar el Poder del Juego?

En los próximos capítulos, te proporcionaremos las herramientas para desenmascarar al "Profesional de la Procrastinación", te equiparemos con ejercicios y desafíos específicos, y te mostraremos cómo incorporar la diversión en tu rutina diaria.

DESENMASCARANDO AL PROFESIONAL DE LA PROCRASTINACIÓN:
Descifrando la Psicología de la Demora

CAPÍTULO 1: EL FACTOR MIEDO:
Identificar la Ansiedad y el Perfeccionismo como Impulsores de la Procrastinación

CAPÍTULO 2: EL BAILE DE LAS DISTRACCIONES:
Domar las Tentaciones y Desenmascarar el Atractivo de las Tareas Ocupadas

CAPÍTULO 3: EL LABERINTO DE LA MOTIVACIÓN:
Encontrar tu "Por qué" y Reenfocar las Tareas con Propósito

CAPÍTULO 4: LA PERSONALIDAD DE LA PROCRASTINACIÓN:
Comprender tus Tendencias y Adaptar tus Estrategias

"Pregúntate si lo que estás haciendo hoy te acerca a donde quieres estar mañana."

- Paulo Coelho

CAPÍTULO 1: EL FACTOR MIEDO:
Identificar la Ansiedad y el Perfeccionismo como Impulsores de la Procrastinación

La procrastinación puede sentirse como una fuerza insidiosa, tejiendo una red enredada de auto-duda e inacción alrededor incluso de las tareas más apremiantes.

Dos culpables clave a menudo yacen en el corazón de esta red enredada: la ansiedad y el perfeccionismo. Reconocer su presencia y equiparnos con contraataques efectivos es crucial para recuperar el control y aumentar la productividad.

La Fuerza Temerosa:
La Ansiedad y sus Disfraces

La ansiedad se manifiesta de diversas maneras dentro del panorama profesional.

Puede susurrar dudas insidiosas como:

"¡Este proyecto no cumplirá las expectativas!"

O conjurar el espectro de colegas críticos listos para atacar cualquier error percibido. Lo desconocido también puede convertirse en un adversario desalentador, paralizándonos con indecisión frente a nuevos desafíos.

Estas ansiedades actúan como cadenas invisibles, atándonos a la procrastinación mientras nuestra confianza se erosiona lentamente.

Desenmascarando al Perfeccionista Pro: Buscando una Ejecución Impecable

El perfeccionismo, aunque a menudo malinterpretado como una cualidad positiva, puede ser un impulsor importante de la procrastinación cuando se lleva a extremos. La búsqueda inquebrantable de la perfección puede llevar a una sobreplanificación, indecisión y, en última instancia, a la falta de cumplimiento de plazos. El miedo a no alcanzar un estándar dorado imaginario puede volverse tan paralizante que incluso empezar una tarea parece insuperable.

Rompiendo las Cadenas: Herramientas para Combatir los Impulsores de la Procrastinación

La buena noticia es que la conciencia es el primer paso para liberarse. Al identificar estos catalizadores comunes de la procrastinación, podemos equiparnos con estrategias accionables para desmantelar su poder.

Aquí tienes algunas tácticas efectivas:

- **Desafía el Diálogo Interno Negativo:** Sustituye los susurros alimentados por la ansiedad con afirmaciones empoderadoras. Enfócate en el progreso, no en la perfección, y celebra cada paso adelante, por pequeño que sea.

- **Acepta la Imperfección:** Reconoce que los errores son inevitables y oportunidades valiosas de aprendizaje. Cambia tu mentalidad de "miedo al fracaso" a "crecimiento a través de la experimentación".

- **Establece Metas Realistas:** Fragmentar tareas desalentadoras en hitos alcanzables construye impulso y reduce la abrumadora sensación de una fecha límite inminente.

- **Practica la Atención Plena (Mindfulness):** Técnicas como la meditación o la respiración profunda pueden ayudar a manejar la ansiedad y fomentar la concentración, permitiéndote abordar las tareas con mayor claridad y tranquilidad.

Recuerda que vencer la procrastinación es un viaje, no un destino. Al identificar y desmantelar continuamente sus impulsores subyacentes, podemos cultivar un entorno de trabajo más productivo y satisfactorio para nosotros y quienes nos rodean.

Aquí te presento tres ejercicios prácticos para ayudarte en tu camino:

1 - DESAFÍO CARA A CARA CON EL MIEDO:
Vencer la Ansiedad con Acción

¿Alguna vez has mirado fijamente una página en blanco, tu mente dando vueltas con ansiedades como nubes de tormenta amenazando con ahogar tu motivación? Los plazos se ciernen como nubarrones, cada tic-tac del reloj resonando susurros de auto-duda.

¡Pero el miedo no tiene que ser el director de tu espectáculo! Hoy, subimos al escenario en el Desafío Cara a Cara con el Miedo, un ejercicio lúdico para transformar las ansiedades en pasos concretos y ver cómo tu confianza se eleva.

Desenmascarando a los Gremlins con Acción Juguetona

Práctica de Objetivo:

Elige una tarea específica que desencadene tu tormenta interna de dudas.

Quizás sea esa presentación inminente, la solicitud para tu trabajo soñado o finalmente comenzar ese proyecto creativo.

Escribe este "Objetivo de Miedo" en la parte superior de tu papel, como una diana para tu próximo movimiento.

Captura de Gremlins:

Divide tu papel en dos columnas. Etiqueta una "Miedos" y la otra "Pasos de Acción".

Ahora, sumérgete en tu miedo.

- ¿Qué preocupaciones te están frenando?

Enuméralas todas, grandes o pequeñas, en la columna de "Miedos".

Sé honesto, abraza la vulnerabilidad; este es un espacio seguro para enfrentar tus ansiedades de frente.

De Amenazas a Tácticas:

¡Hora de la parte divertida!

Para cada miedo, piensa en acciones prácticas para contrarrestarlo.

Piensa en estas como tus movimientos de superhéroe contra los gremlins del Factor Miedo.

Si el juicio es tu kryptonita, anota "Buscar retroalimentación de apoyo de amigos de confianza" o "Concentrarme en mis propios objetivos, no en las expectativas de los demás".

¡Sé creativo!

Cuanto más juguetones y específicos sean tus pasos de acción, más empoderado te sentirás.

Hora del Lanzamiento:

Revisa la columna de "Pasos de Acción": ¡has creado un manual personalizado para vencer tus miedos!

Elige uno o dos pasos para implementar de inmediato.

Programa esa sesión de retroalimentación, haz una prueba de tu presentación o simplemente anota tres afirmaciones positivas sobre tus habilidades y potencial.

Una Confianza Floreciente, Paso a Paso

Recuerda, el enfrentamiento con el Factor Miedo es una herramienta poderosa, pero es solo el primer paso. Mientras tomas medidas, un paso desafiante del miedo a la vez, observa cómo florece tu confianza.

Esas ansiedades se reducirán, reemplazadas por un sentido de empoderamiento y progreso. Te sorprenderá lo rápido que reclamas la silla del director, creando una historia de éxito en lugar de sucumbir al guion del miedo.

Teje Coraje Juguetón en tu Rutina

Convierte el enfrentamiento con el Factor Miedo en un ritual semanal.

Dedica 15 minutos cada lunes para identificar un nuevo "Objetivo de Miedo" y tejer tus pasos de acción juguetones.

Publica con orgullo tus hojas completadas en tu pared, un testimonio de tus continuas batallas contra el Factor Miedo.

Comparte tus experiencias con amigos o colegas, construyendo una comunidad de valentía.

---

2 - CUENTA REGRESIVA DE CONFIANZA: Encendiendo Tu Poder Interior

- ¿La procrastinación es una sombra monstruosa que se cierne sobre tu lista de tareas pendientes?

- ¿La auto-duda susurra dudas insidiosas, reduciendo tu confianza a un susurro?

No temas, porque la Cuenta Regresiva de Confianza llega como un rayo de autoconfianza, empoderándote para conquistar cualquier desafío con un coraje y convicción renovados.

Este ejercicio juguetón de cinco minutos es tu plataforma de lanzamiento personal, impulsándote fuera del vórtice de la procrastinación y hacia la acción.

Identificar Tu Poder Interior

Desenmascarando al Monstruo de la Procrastinación:

¡Enfrenta a tu némesis! Señala una tarea específica que ha estado ocupando tu palacio de la procrastinación sin pagar alquiler.

Sé honesto, ¿a qué le has estado huyendo como si fuera la peste?

Escribe este **"Monstruo de la Procrastinación"** en la parte superior de tu papel, reconociendo su presencia sin dejar que te intimide.

Convocando a Tus Superpoderes:

Recuerda, no eres solo un mortal enfrentándote a esta bestia.

¡Eres un superhéroe disfrazado!

Enumera cinco de tus fortalezas y habilidades únicas directamente relacionadas con vencer a este monstruo.

- ¿Eres un planificador meticuloso?

- ¿Un resolvente creativo de problemas?

- ¿Un maestro de la concentración?

No subestimes tus superpoderes, ¡son tus armas secretas!

La Cuenta Regresiva de Confianza:

¡Enciende tu motor interno!

Toma tu temporizador y ajústalo a cinco gloriosos minutos.

Este es tu Plataforma de Lanzamiento de autoconfianza. Mientras la cuenta regresiva avanza, repite en voz alta cada fortaleza enumerada, saboreando el sonido de tu propio poder.

Visualízate utilizando estas fortalezas, conquistando sin esfuerzo al "Monstruo".

Imagínate completando la tarea con gracia y facilidad.

Siente la oleada de confianza recorriendo tus venas, llenándote de propósito y determinación.

Hora del Lanzamiento:

¡Sin demoras ahora! Lleva ese impulso directamente a la acción.

Da el primer paso para abordar a tu "Monstruo", ya sea investigando, elaborando un plan o simplemente comenzando con la primera tarea pequeña.

Recuerda, incluso los viajes más grandiosos comienzan con un solo paso, y ya has dado el más importante: creer en ti mismo.

De la Sombra al Sol

Aunque la Cuenta Regresiva de Confianza dure solo cinco minutos, su impacto puede ser transformador. Cada momento que pasas disfrutando de tus fortalezas y visualizando el éxito es como poner un ladrillo en la base de tu autoconfianza.

Así que, abraza este ejercicio lúdico, libera tu poder interior y observa cómo tu "Monstruo" se reduce a una sombra quejumbrosa. Recuerda, eres capaz de más de lo que piensas. El único límite es aquel que te impones a ti mismo. ¡Adelante, guerrero confiado, y conquista tu palacio de la procrastinación, una tarea a la vez!

Integrando el Ejercicio en tu Rutina

Frecuencia: ¡Conviértelo en un ritual diario! Dedica cinco minutos cada mañana para identificar un nuevo "Monstruo" y convocar a tu superhéroe interior.

Visualiza: Crea un espacio dedicado para la Cuenta Regresiva de Confianza. Coloca las hojas completadas con ilustraciones de tus monstruos conquistados, un testimonio de tu creciente poder.

Comparte: ¡Construye una comunidad de confianza! Comparte tus fortalezas con amigos y colegas, animándolos a hacer lo mismo. Apóyense mutuamente en sus trayectorias y celebren victorias juntos.

Al incorporar estos pasos lúdicos y empoderadores en tu rutina, puedes ir eliminando gradualmente la procrastinación y desbloquear tu máximo potencial.

Recuerda, el camino hacia la autoconfianza está pavimentado con pequeñas acciones consistentes alimentadas por la Cuenta Regresiva de Confianza.

Comienza hoy, libera a tu campeón interior y observa cómo tus "Monstruos" se transforman en simples escalones en tu camino hacia el éxito.

3 - EL DESAFÍO "¿LO PEOR QUE PUEDE PASAR?": Domando a la Quimera de la Catástrofe

Sintiendo que las Olimpiadas de la Ansiedad tienen lugar dentro de tu cabeza. El miedo, ese duende de la medalla de oro, se burla de ti con visiones de un desastre total.

Los "y si" y los "quizás" crujen en el aire, paralizándote antes de comenzar. Pero espera, ¡antes de sucumbir al miedo, encogiémoslo de tamaño, de Godzilla a lagarto, con el lúdico Desafío "¿Lo Peor que Puede Pasar?".

Desenmascarando a la Bestia del Miedo y su Catástrofe en el Peor de los Casos

---

Identifica tu Bestia del Miedo:

Señala un miedo específico que te está frenando.

¿Es comenzar un negocio, perseguir tu pasión creativa o dar esa presentación?

Escríbelo, enfrentándote directamente a tu "Bestia del Miedo" y despojándola de su poder sombrío.

Creación de la Catástrofe en el Peor de los Casos:

¡Es hora de un poco de absurdo! Imagina el escenario más ridículo en el peor de los casos que tu ansiedad puede conjurar.

- ¿Fracasó espectacularmente tu idea de negocio y se convirtió en un meme viral?

- ¿Tu obra creativa fue recibida con risas?

Imagena esta escena catastrófica en todo su esplendor hilarante; ¡deja que tu imaginación se desate!

Realidad:

Dale un paso atrás desde tu apocalipsis imaginario.

- ¿Es esto realmente probable?

- ¿Cuán probable es, en realidad?

A menudo, nuestras ansiedades inflan las consecuencias mucho más allá de la realidad.

Respira profundamente y evalúa el resultado real;

¿Sería el fin del mundo o un pequeño tropiezo en el camino?

Convertir la Catástrofe en Oportunidad:

Incluso en tu improbable peor escenario, ¿qué aprenderías?

- ¿Qué habilidades obtendrías?

- ¿Cómo volverías más fuerte?

Recuerda, el fracaso no es un final, es un desvío, una oportunidad para cambiar de rumbo y mejorar.

Visualiza la "catástrofe" como un escalón, no como un obstáculo.

Giro del Miedo a la Atención:

¡Armado con la realidad y la resistencia, cambia el guion!

Imagina cuánto mejor te sentirás tomando medidas, incluso si no conduce al éxito inmediato.

Enfócate en la alegría de intentarlo, la emoción de aprender y el crecimiento personal que proviene de salir de tu zona de confort.

De Temeroso a Empoderado

El Desafío "¿Cuál es lo Peor?" no trata de ignorar tus miedos. Se trata de reconocerlos, examinarlos bajo la dura luz de la realidad y reducirlos a un tamaño manejable.

Este ejercicio juguetón te capacita para tomar medidas, no desde un optimismo ciego, sino desde una comprensión clara de los resultados potenciales y la creencia inquebrantable en tu propia resistencia.

Así que, toma tu lupa, enfrenta a tu Bestia del Miedo y observa cómo se transforma de un monstruo aterrador en un obstáculo manejable.

Recuerda, eres más valiente de lo que piensas y el mundo espera tus contribuciones únicas.

**¡Adelante, conquista tus ansiedades
y desbloquea tu máximo potencial!**

Integración del Ejercicio en tu Rutina

Hazlo un hábito: Dedica cinco minutos diarios a identificar una nueva Bestia del Miedo y reducirla con el Desafío "¿Cuál es lo Peor?"

Comparte la diversión: Anima a amigos y colegas a unirse, creando una comunidad de individuos empoderados que enfrentan sus ansiedades juntos.

Visualiza tus victorias: Crea un "Salón de la Fama de las Bestias del Miedo" dibujando o escribiendo tus ansiedades conquistadas, un testimonio de tu valentía en crecimiento.

Al incorporar este ejercicio juguetón en tu rutina, puedes ir despejando tus ansiedades y abrir el camino hacia una vida más segura y satisfactoria.

Recuerda, el único límite es el que te impones a ti mismo. ¡Así que, adelante, conquista tus Bestias del Miedo y abraza las emocionantes posibilidades que te esperan!

En conclusión, no permitamos que la ansiedad natural al enfrentar la incertidumbre nos tenga como rehenes. Si bien el miedo es una respuesta humana inherente, no necesita ser una fuerza paralizante.

Al reconocer proactivamente su presencia, desentrañar sus desencadenantes y aplicar mecanismos efectivos de afrontamiento, podemos transformar el miedo en un catalizador para la acción.

Este enfoque proactivo nos capacita para abrazar la ambigüedad inherente de la vida, capitalizar nuestras fortalezas innatas y dar pasos seguros hacia la arena de la acción, a pesar de las ansiedades inevitables que giran a nuestro alrededor.

Mirando hacia adelante, el próximo capítulo abordará otro común monstruo de la productividad:

¡Las "Distracciones"!

Pero por ahora, celebremos este triunfo sobre el Factor Miedo. Tómate un momento para reconocer tu resistencia y recuerda: eres notablemente más valiente de lo que crees y más fuerte de lo que pareces. El camino hacia la productividad está iluminado por el coraje de enfrentar tus miedos y forjar tu propio camino.

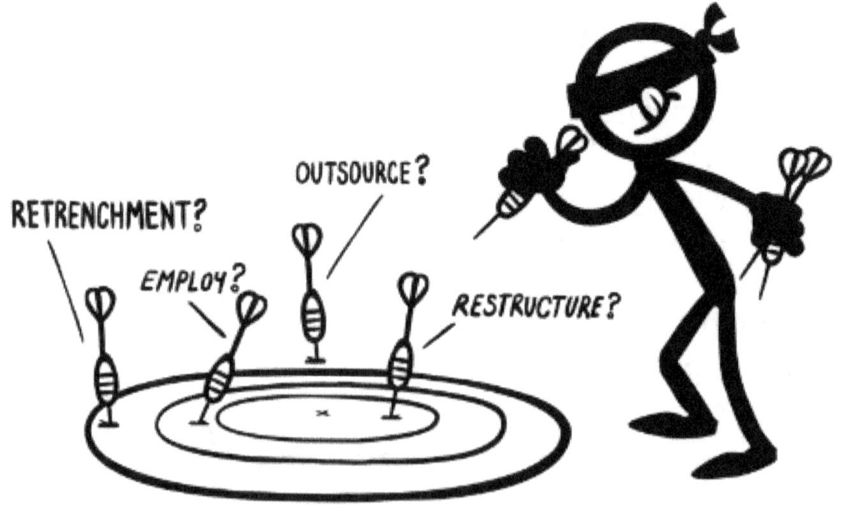

RETRENCHMENT?
EMPLOY?
OUTSOURCE?
RESTRUCTURE?

CAPÍTULO 2: EL BAILE DE LAS DISTRACCIONES:
Domar las Tentaciones y Desenmascarar el Atractivo de las Tareas Ocupadas

En el teatro de nuestras mentes, se desarrolla una cautivadora actuación: la Danza de las Distractions. El escenario zumba con notificaciones, vibra con actualizaciones de redes sociales y se desborda con correos electrónicos, cada uno compitiendo por nuestra atención como sirenas seductoras. Estos, querido lector, son los ladrones de tiempo en la gran arena de la productividad, atrayéndonos lejos de nuestras metas con su encanto brillante y llamativo.

Pero antes de caer en sus encantos, desmitifiquemos la fachada. La distracción a menudo se viste con la máscara de la diligencia, disfrazándose como productividad en una gran ilusión. Nos convencemos de que revisar correos electrónicos es progreso, navegar por internet es investigación, y desplazarnos interminablemente es hacer networking. Llenamos nuestros calendarios con "trabajo ocupado", confundiendo la actividad con el logro. Este "paradigma de productividad", aunque crea la ilusión de progreso, nos deja agotados y con poco que mostrar.

Entonces, ¿cómo desenmascaramos a estos impostores y recuperamos las riendas de nuestra concentración? La respuesta radica en la intervención estratégica, en aprender a orquestar nuestra atención en lugar de sucumbir a la coreografía caótica de las distracciones.

Aquí tienes tres ejercicios prácticos:

El Detective de Distractions: Ponte el sombrero analítico y emprende una autoinvestigación. Durante una semana, conviértete en un observador meticuloso de tus patrones de atención. Registra tus distracciones meticulosamente; anota cada vez que alcances tu teléfono, hagas clic en una notificación irrelevante o te pierdas en una madriguera en línea. Analiza los patrones: ¿qué desencadena tus desviaciones? ¿Es aburrimiento, estrés o impulsos sociales? Identificar tus "huellas digitales de distracción" es el primer paso para superarlas.

El Pro de Productividad Pomodoro: Libérate de las cadenas del desplazamiento interminable y abraza el poder de la Técnica Pomodoro. Establece un temporizador por 25 minutos, ¡tu sprint de concentración! Dedica este tiempo exclusivamente a la tarea en cuestión, silenciando las notificaciones y cerrando todas las pestañas tentadoras. Cuando suene la alarma, date un merecido descanso (¡5 minutos son suficientes!). Repite este ciclo y observa cómo tu enfoque se transforma de una vela titilante a un faro estable.

La Fiesta del Detox Digital: ¡Vamos a animar las cosas! Durante un período designado, como un fin de semana o una tarde, desconéctate por completo del mundo digital. Silencia tu teléfono, cierra sesión en las redes sociales y abraza el ritmo de una vida analógica. Lee un libro, da un paseo y reconéctate con amigos en tiempo real. Podrías sorprenderte de cómo florece tu creatividad, se profundiza tu concentración y tu mundo interior cobra vida una vez que silencias el constante parloteo digital.

Recuerda, dominar el enfoque no se trata de eliminar completamente las distracciones, sino de desarrollar una conciencia estratégica de su influencia y equiparte con las herramientas para resistir su encanto.

Con estos ejercicios como tus aliados, puedes transformar la Danza de las Distractions en un elegante vals de productividad, donde tú diriges los pasos y disfrutas del ritmo de los logros enfocados. Así que, ponte tus zapatos de enfoque, libera a tu detective interno de distracciones y sube al escenario con confianza.

**Tú eres el director de tu atención,
y tu productividad es tu obra maestra.**

Aquí te presento tres ejercicios detallados:

1 - EL NINJA DE LAS NOTIFICACIONES: Derrota a los Dragones de Distracción y Reclama tu Zen Digital

- ¿Tiranizan las notificaciones tu teléfono, convirtiéndolo en una guarida de distracciones en lugar de una herramienta productiva?

- ¿El constante zumbido de alertas de noticias, notificaciones de redes sociales y pitidos de correos electrónicos secuestra tu atención y te deja sintiéndote disperso y abrumado?

¡No temas, viajero cansado! Porque dentro de ti reside el poderoso Ninja de las Notificaciones, un maestro del zen digital, listo para derrotar a los dragones de distracción y reclamar tu fortaleza de enfoque.

Este ejercicio lúdico de cinco minutos es tu búsqueda para transformar tu teléfono de una pesadilla de notificaciones en un refugio de calma concentrada. Prepárate para blandir el poder del silencio como tu arma y emerger como un maestro de tu dominio digital.

La Búsqueda de Enfoque de Cinco Minutos

Convoca la Auditoría de Aplicaciones:

Toma tu teléfono, el epicentro de la horda de dragones de distracción, y programa un temporizador para cinco minutos.

La Caza del Dragón de Distracción:

Sumérgete en la configuración de notificaciones, tu arsenal de silencio digital.

Identifica cualquier aplicación que envíe notificaciones irrelevantes para tus objetivos inmediatos.

* ¿Actualizaciones de noticias? ¡Siléncialas!
* ¿Pingüinos de redes sociales? ¡Desactívalos!
* ¿Alertas de correo electrónico? ¡Expúlsalas!

Con cada toque, imagina vencer a un dragón distractor, sus garras digitales aflojando su agarre en tu atención.

Creando el Oasis de Enfoque:

Una vez que la caza ha concluido, respira un suspiro de zen digital.

Observa la calma recién descubierta, el espacio tranquilo en tu mente previamente consumido por el ruido de las notificaciones.

Celebra tu victoria, porque has tallado un oasis de enfoque en medio de la selva de notificaciones.

El Código del Ninja:

Reclamando Tu Soberanía Digital:

Para mantener tu fortaleza de enfoque, adopta el código del Ninja de las Notificaciones.

Programa momentos específicos para revisar notificaciones, sin dejar que dicten tu flujo de trabajo.

Prioriza canales de comunicación esenciales y mantén a raya a los demás.

Recuerda, ¡tu teléfono es una herramienta, no un tirano!

Manéjalo con la habilidad de un ninja, reclama tu zen digital y observa cómo tu enfoque florece en el pacífico patio de juegos de la atención.

Del Distraer al Dominio:
El Camino al Enfoque te Espera

El Ninja de Notificaciones puede ser una búsqueda de cinco minutos, pero su impacto puede ser duradero. Al silenciar a los dragones digitales, desbloqueas un nuevo nivel de productividad y claridad mental.

Integrando el Código del Ninja en tu Rutina

Despeje Semanal: Programa una auditoría semanal de cinco minutos de "Aplicaciones" para identificar y silenciar nuevos dragones de distracción.

Fortalezas del Enfoque: Crea un espacio de trabajo "Oasis de Enfoque", libre de notificaciones, donde abordas tus tareas más exigentes.

Comunidad Ninja: Comparte tu camino con amigos y colegas. Anima a todos a adoptar el código del Ninja de Notificaciones y celebra las victorias juntos.

2 - EL TEMPORIZADOR DEL VIAJE EN EL TIEMPO: Despega hacia Futuros Enfocados y Conquista las Distractions

¿Anhelas un enfoque laser afilado, donde las tareas se desvanecen sin esfuerzo y la productividad se convierte en tu patio de recreo?

Ay, la realidad a menudo nos encuentra ahogándonos en distracciones, con nuestros objetivos enterrados bajo una ventisca de "no ahora". ¡No temas, porque el Temporizador del Viaje en el Tiempo llega como una nave espacial, lista para catapultarte hacia un futuro de metas logradas y distracciones conquistadas!

Este ejercicio lúdico es tu plataforma de lanzamiento para entrenar tu cerebro en el enfoque prioritario, dejando las distracciones como ecos tenues en el túnel de tu productividad.

Alimentando el Enfoque con la Visión del Futuro

Identificación del Imán de Distracciones:

Señala una tarea, un proyecto que perpetuamente se pierde en el vórtice del "después".

Este es tu "Imán de Distracciones", el obstáculo que vanquarás mediante el poder del viaje en el tiempo.

La Búsqueda de la Visión:

Cierra los ojos, establece un temporizador por 15 minutos y prepárate para el despegue.

Este es tu portal a una realidad alternativa, una ventana para presenciar a tu yo futuro en acción.

Imagínate abordando el "Imán de Distracciones" con una precisión inquebrantable.

Visualiza cada paso desarrollándose, cada plazo cumplido, cada desafío superado, todo dentro del tiempo del temporizador.

Imagina la sonrisa triunfante iluminando tu rostro mientras cruzas la línea de meta, disfrutando del calor de una tarea completada.

De Futuro a Realidad:

¡Cuando suene el temporizador, no dejes que la visión se desvanezca!

Lánzate a la tarea, canalizando el enfoque láser que acabas de presenciar.

Recuerda, ya has conquistado este desafío en el futuro; ahora es el momento de hacerlo presente.

Sumérgete en el trabajo, saborea el flujo de acción enfocada y observa cómo tu "Imán de Distracciones" se desvanece en la distancia.

Expandiendo la Frontera del Enfoque:

A medida que dominas estas ráfagas de 15 minutos, amplía gradualmente la duración del temporizador.

Pintando tu Futuro con Enfoque

El Temporizador de Viaje en el Tiempo es un truco juguetón que tu cerebro no podrá resistir. Al anclar el éxito en el futuro y traerlo vívidamente al presente, creas un poderoso bucle de retroalimentación que te impulsa hacia la acción enfocada.

Recuerda, el futuro no es un guion predestinado, es un lienzo en blanco esperando tus pinceladas enfocadas. Así que toma tu temporizador, enciende tu imaginación y lánzate hacia un futuro donde las distracciones son simples motas en el espejo retrovisor de tus logros.

Integrando la Técnica de Viaje en el Tiempo en tu Rutina

Búsquedas Diarias de Visión: Programa al menos una sesión diaria de 15 minutos de "Enfoque Futuro", apuntando a un "Imán de Distracción" diferente cada vez.

Fortunas del Enfoque: Crea un espacio dedicado para tu "Búsqueda de Visión", libre de distracciones, donde puedas cerrar los ojos y sumergirte verdaderamente en tu éxito futuro.

Comparte tu Viaje: ¡Inspira a otros! Comparte tus éxitos y desafíos con amigos y colegas, construyendo una comunidad de aventureros enfocados.

---

3 - EL DESAFÍO DE BINGO DE TAREAS ABSORBENTES: DESAFIANDO LAS DISTRACCIONES CON CONCIENCIA LÚDICA

Bienvenido a la Arena de Bingo de Tareas Absorbentes, donde transformamos a esos molestos bandidos de la productividad en piezas de juego lúdicas. En este rincón, tenemos a los famosos Verificadores de Correo Electrónico, los Deslizadores de Redes Sociales y los Maniáticos de Solicitudes de Reuniones.

Pero no temas, porque estás armado con una tarjeta de bingo y un arma secreta: la conciencia plena. Prepárate para desenmascarar a estos ladrones de tiempo y recuperar tu enfoque con una alegre "Desintoxicación de Baile de Distractions".

Creación de tu Arsenal Anti-Distractions

Construyendo tu Campo de Batalla de Bingo:

¡Libera a tu artista interior! Toma una tarjeta en blanco y llena cada cuadro con actividades comunes de ocupación que descarrilan tu flujo. ¡Sé creativo! Aquí tienes algunas sugerencias para inspirarte:

Demonios Digitales:

- Revisar Correo Electrónico
- Deslizamiento en Redes Sociales
- Desplazamiento de Noticias

Manía de Reuniones:

- Reunión Innecesaria
- Charla Improvisada
- Discusión Excesiva
- Tetris de Calendario

Pretendientes de Productividad:

- Ordenar el Escritorio (¡sin fin!)
- Avalancha de Tareas "Rápidas"
- Bingo de Tareas Absorbentes (¡meta-distracción!)

Cuelga tu Escudo de Conciencia:

Coloca tu tarjeta de Bingo personalizada en un lugar destacado cerca de tu espacio de trabajo, un recordatorio lúdico para estar alerta contra los Bandidos de las Ocupaciones.

¡Comienza el Juego!:

A lo largo del día, abraza un sentido lúdico de observación.

Cada vez que te descubras participando en una actividad de ocupación de tu tarjeta, marca el cuadro con un floreo.

¡Recuerda, no se trata de juzgar, sino de estar consciente!

¡Bingo! Tiempo de Desintoxicación:

Cuando completes una línea completa, ¡un glorioso Bingo!, es hora de celebrar.

Aléjate de tu escritorio y elige tu pausa de "Desintoxicación de Baile de Distractions":

Sacúdete: ¡Ponte tus canciones favoritas y baila esas distracciones lejos!

Nutre y Reenfoca: Disfruta de un tentempié saludable que alimente tanto el cuerpo como la mente.

Refresco Natural: Da un paseo consciente por la naturaleza, empapándote de las vistas y los sonidos.

Movimiento Consciente: Realiza unos simples estiramientos para liberar la tensión y recargar energías.

Paz Interior: Practica unos minutos de respiración profunda o meditación para despejar tu mente.

De Distractions a Enfoque: La Conciencia Juguetona Gana

El Desafío de Bingo de Tareas de Ocupación no se trata de eliminar las distracciones por completo; son parte de la vida.

En cambio, se trata de cultivar una conciencia juguetona, capacitándote para notar los patrones de tareas de ocupación y tomar decisiones conscientes sobre cómo pasas tu tiempo.

Al adoptar este enfoque lúdico, transformas las distracciones en piezas de juego, recuperas el control de tu enfoque y bailas hacia un día más productivo y satisfactorio.

Integrar el Desafío en tu Rutina

Maratón Semanal de Bingo: Establece una meta semanal para lograr Bingo! al menos una vez. Lleva un registro de tu progreso y celebra tus victorias.

Desafía a tus Amigos: Comparte tu tarjeta de Bingo personalizada y juega con colegas o amigos. Anima a los demás a mantenerse conscientes y celebren los descansos de desintoxicación mutuos.

Personaliza tu Juego: Añade tus propias actividades de ocupación a la tarjeta y ajusta las opciones de descanso de desintoxicación según tus preferencias.

Mientras celebras tu nueva conciencia, recuerda: domar las distracciones es un viaje, no un destino.

Habrá desvíos, tropiezos y momentos en los que los duendes asomen la cabeza. ¡Pero no te preocupes! Con cada paso lúdico, has ganado una herramienta, un movimiento de baile, una habilidad para agregar a tu repertorio de enfoque.

Entonces, respira profundamente, saborea la victoria de la conciencia y prepárate para sumergirte en el capítulo **"¡Descubriendo tu Por Qué!"** Es hora de convertir tus distracciones en combustible para tus pasiones.

A
B
C

CHAPTER 3: EL LABERINTO DE LA MOTIVACIÓN
Encontrando tu "Por Qué" y Reenfocando Tareas con Propósito

El Laberinto de la Motivación, una red laberíntica de tareas aparentemente insignificantes y plazos que se ciernen, puede fácilmente enredarnos en una red de apatía y procrastinación. Aquí, el susurro insidioso de "¿por qué molestarse?" resuena en los pasillos, mientras el gremlin del desapego reina supremo.

Sin embargo, dentro de este paisaje aparentemente estéril yace un elixir potente: el poder de la motivación intrínseca.

Al descubrir nuestro "por qué", la razón fundamental detrás de nuestra búsqueda de metas o tareas específicas, iluminamos el camino para escapar de la Matriz de Motivación.

Este "por qué" sirve como una brújula interna potente, transformando las tareas tediosas en contribuciones significativas a una visión más amplia. Imagina un informe mundano, no como una mera obligación, sino como un escalón hacia el avance profesional, una herramienta cuidadosamente elaborada para una comunicación impactante.

O considera una sesión de orden rutinaria, no como una tarea, sino como un acto deliberado de autocuidado, allanando el camino para un entorno más organizado y productivo.

Una vez que comprendemos nuestro "por qué", el siguiente paso es reformular nuestra percepción de las tareas. En lugar de verlas como cargas, abordémoslas como desafíos a conquistar, rompecabezas por resolver o oportunidades para la exploración creativa.

Esta reformulación lúdica nos capacita para transformar la Matriz de Motivación en un paisaje dinámico de crecimiento personal y profesional.

En las páginas siguientes, compartiremos contigo 3 Ejercicios Prácticos para descubrir tu **"Por qué"** y reformular esas tareas temidas, dándoles un cambio de imagen con una perspectiva lúdica:

1 - WHY-ROSCOPE:
Descubriendo las Historias que Arden en tu Interior

Página en blanco que te devuelve la mirada, un horizonte interminable que invita a la exploración. Tus dedos se sostienen sobre las teclas, anhelando traducir historias no contadas a la realidad.

Pero una pregunta imponente resuena en el silencio: **"¿Por qué escribir este libro?"** Es un desafío universal, un obstáculo que todo aspirante a autor debe superar antes de que comience el viaje.

Sin embargo, dentro de ti yace una herramienta potente, una brújula para navegar por el paisaje de tu corazón narrativo: el WHY-roscope.

Adentrándose en las profundidades de la historia con el "WHY-roscope".

Invoca al alquimista de historias:

Toma tu pluma, tu diario y ajusta tu temporizador a cinco minutos.

Deja que tu mirada se posé en la idea del libro titilando como una esperanza lejana en las sombras de tu mente.

Escribe su título, una primera estaca plantada en el territorio inexplorado de tu historia.

Más allá de la librería:

Ve más allá de las respuestas superficiales, como "porque quiero ser publicado" o "porque todos escriben un libro".

En cambio, enciende las brasas de tu narrativa con la pregunta última:

- "¿Por qué necesita contarse esta historia?"

- "¿Qué propósito más profundo arde dentro de este relato?"

Desentraña las capas de la trama:

Tu "WHY-roscope" prospera con una curiosidad incansable.

Sé un detective literario, siguiendo la pista de tus motivaciones con cada capa revelando un nuevo aspecto de tu propósito.

No te conformes con la primera respuesta, pregunta "¿por qué?" una y otra vez, como deshojar los pétalos de un capullo de historia.

Cinco capas de magia narrativa:

Apunta a al menos cinco "por qués", pero no temas profundizar más.

Cada capa te acerca al núcleo ardiente de tu historia, el mensaje que la convierte en algo más que simples palabras en una página.

Desde la página en blanco
hasta la pasión ardiente:

Observa tu título inicial, ahora bañado en el cálido resplandor de tus "por qués" descubiertos.

¿Ha trascendido de una idea vaga a un catalizador potente para la creatividad, un recipiente para un mensaje que resuena en tu alma?

La Importancia del "POR QUÉ"

El WHY-roscope no se trata de perseguir la viabilidad comercial; se trata de forjar una conexión personal, un propósito ardiente que alimenta cada una de tus oraciones.

Recuerda, cada narrativa poderosa comienza con un solo "por qué", una chispa que enciende tu imaginación e ilumina el camino hacia adelante.

Integrando el WHY-roscope en tu Rutina

Paisajes Semanales del POR QUÉ: Programa sesiones semanales del WHY-roscope para cada uno de tus proyectos en curso.

Avances con Amigos: Comparte tus "por qué" descubiertos con colegas; el poder de la comunidad puede amplificar tu propósito.

El Diario de Inspiración: Crea un diario dedicado para capturar tus "por qué" y revísalos para obtener rápidamente un impulso narrativo.

2 - EL COMPÁS DE IMPACTO:
Trasando tu Curso

¿Alguna vez has sentido que tus aspiraciones anhelan algo más grande, un propósito que se extiende más allá de tus propios logros?

El Compás de Impacto es tu guía para navegar por este anhelo, ayudándote a identificar el impacto positivo que deseas tener en el mundo y cómo tus pasiones únicas pueden iluminar el camino. Al cambiar tu enfoque de metas personales a las ondas de cambio que puedes crear, desbloqueas una fuente de significado y satisfacción.

Entonces, toma tu pluma, enciende tu curiosidad y prepárate para trazar un curso hacia una vida que marque la diferencia.

Iniciando tu Viaje de Impacto

Libera el Volcán de la Pasión:

Comienza generando ideas de todo lo que emociona tu alma.

Las pasiones pueden ser diversas: pasatiempos, causas, habilidades, actividades, cualquier cosa que haga que tu corazón cante.

Anótalas, sin juicios permitidos, ¡deja que tu explorador interno corra libre!

Efectos de Ondas en Acción:

Ahora, ponte en los zapatos de un mago, imaginando cada pasión como un hechizo con un impacto potencial inmenso.

- ¿Cómo podría beneficiar a los demás el perseguir plenamente cada una?

- ¿Aliviaría el sufrimiento, provocaría alegría, inspiraría cambio?

Visualiza tus pasiones no como búsquedas solitarias, sino como catalizadores de ondas positivas en el mundo.

Encontrando la Zona de Convergencia:

Da un paso atrás y examina tu lista de pasiones.

- ¿Hay temas que se crucen?

- ¿Puedes combinar tus habilidades e intereses de una manera que genere un impacto poderoso en un área específica?

Aquí es donde yace tu contribución única, el punto dulce donde tus pasiones se intersectan con las necesidades del mundo.

Sembrando tu Estrella Guía:

Identifica una o dos áreas de alto impacto potencial que resuenen profundamente en ti.

Esto podría ser conservación ambiental, promoción de la educación creativa, lucha contra la injusticia social, o cualquier causa que despierte tu campeón interior.

Deja que esto sea tu estrella guía, el norte en tu brújula que te lleva hacia una vida de propósito.

Elabora tu Mantra de Impacto:

Para mantener tu misión siempre presente, escribe una declaración corta e inspiradora que capture tu área de impacto elegida y cómo deseas contribuir.

Esto no es solo un lema, es una declaración de tu propósito, un grito de guerra que alimenta tus acciones e inspira a otros.

De Brújula a Acción

El Compás de Impacto no es un ejercicio de una sola vez; es un mapa en constante evolución que se desarrolla con tu viaje.

Implementación de tu Compás de Impacto

Revisión Semanal de Impacto: Programa una reunión de 15 minutos con tu Compás de Impacto cada semana. Vuelve a tu lista, sigue tu progreso y ajusta tu curso según sea necesario.

Compañeros de Impacto: Conéctate con personas afines que compartan tu área de impacto elegida. Construye una red de apoyo, comparte ideas y anímate mutuamente con el efecto de tus rizos colectivos.

Vivir con Impacto: Deja que tu propósito impregne tus elecciones diarias. Haz voluntariado, aboga por causas o simplemente busca oportunidades para alinear tus acciones con tu misión de impacto.

3 – LA BÚSQUEDA DEL TESORO EN LA CÁPSULA DEL TIEMPO:
Descubriendo gemas ocultas

Guardados en áticos polvorientos y cajones olvidados se encuentran susurros de lo que una vez fuimos: sueños dejados en el olvido, pasiones sepultadas bajo capas de tiempo.

La Caza del Tesoro en la Cápsula del Tiempo es una invitación a embarcarse en una aventura nostálgica, desenterrando estas gemas ocultas y redescubriendo las chispas que encendieron su yo más joven. Al tamizar a través de los vestigios de su pasado, se reconectará con deseos olvidados, reavivará pasiones latentes y reescribirá su narrativa actual con un propósito recién encontrado.

Entonces, saque el polvo de sus recuerdos, tome su linterna de introspección y prepárese para excavar el tesoro enterrado dentro de usted.

Su Viaje a Través del Tiempo

Revelando el Archivo Olvidado:

Sumérjase en los rincones polvorientos de su pasado.

Revise viejos álbumes de fotos, diarios de la infancia y posesiones olvidadas.

Busque objetos que susurren historias olvidadas, reliquias que evocan fuertes emociones y recuerdos de pasiones pasadas.

Deje que cada artículo sea un portal a una época pasada.

Ecos de un Yo Más Joven:

Sostenga cada tesoro en sus manos, cierre los ojos y permita que los recuerdos vuelvan en oleadas.

Sienta la alegría de ese recital de baile de la infancia, la emoción de ese primer paseo en bicicleta, la apasionada calma detrás de ese proyecto artístico abandonado.

Reviva las emociones, escuche la risa olvidada y redescubra lo que realmente encendía su alma en ese entonces.

Despertando Deseos Sepultados:

A medida que profundiza, esté atento a temas recurrentes.

- ¿Soñaba con ser científico, pintar paisajes con colores vibrantes o escribir historias que encendieran la imaginación?

- ¿Poseía talentos una vez practicados, habilidades que quedaron en el olvido?

Observe las chispas que aún titilan dentro de usted, las pasiones dormidas que esperan ser avivadas.

Tendiendo un Puente Temporal:

Ahora, conecte el puente entre su yo más joven y su vida actual.

- ¿Cómo puede avivar esas pasiones olvidadas, integrarlas en su realidad actual?

- ¿Podría sacudir el pincel, inscribirse en un curso de ciencias o tomar la pluma para revisitar esa historia inacabada?

Deje que el pasado lo guíe, no lo confine.

Reescriba Su Narrativa:

Use sus pasiones redescubiertas como combustible para reescribir su historia actual.

- ¿Puede incorporarlas en su trabajo, relaciones o metas personales?

Permita que estas gemas desenterradas iluminen su camino, agregando alegría y significado a su jornada cotidiana.

Reactivando las Llamas del Propósito

La Búsqueda del Tesoro de la Cápsula del Tiempo no es una expedición única;

Es un redescubrimiento continuo!

Teje su magia en tu rutina

Excavación mensual de recuerdos: Programa una búsqueda del tesoro mensual, revisando un tema diferente cada vez, ya sea pasatiempos, sueños, habilidades o periodos de vida específicos.

Collage de pasiones: Crea un recordatorio visual de tus pasiones descubiertas. Recopila imágenes, citas o símbolos que representen tus deseos redescubiertos y permite que este collage sirva como una inspiración diaria.

Reaviva la chispa: ¡Toma acción! Inscríbete en una clase, únete a un club o simplemente dedica tiempo a explorar tus pasiones redescubiertas. Cada paso, por pequeño que sea, aviva la llama del propósito interior.

Al descubrir tu "por qué", ese propósito arraigado que hace que tu corazón cante, transformas los pasillos monótonos de las tareas en escalones de una gran aventura. Utilizas el replanteamiento lúdico como un caleidoscopio, convirtiendo las tareas rutinarias en rompecabezas vibrantes y los plazos en hitos emocionantes. Cada desafío conquistado se convierte en una celebración llena de confeti, un testimonio de tu creciente fuerza y resistencia.

**Tu "por qué" es tu estrella guía,
un faro de alegría que brilla a través de la niebla
de la procrastinación.**

CAPÍTULO 4: LA PERSONALIDAD DE LA PROCRASTINACIÓN:
Comprender tus Tendencias y Adaptar tus Estrategias

En la arena de la productividad, todos actuamos en un escenario único. Algunos enfrentan plazos inminentes como formidables dragones, sus proclamaciones lanzando fuego induciendo miedo y parálisis. Otros bailan con las distracciones como bromistas traviesos, sus susurros juguetones llevándolos fuera del camino del progreso.

Esto, amigos míos, es la Personalidad de la Procrastinación: la colección de tendencias y estrategias que definen nuestras relaciones individuales con los plazos y la acción demorada.

Comprender tu propia Personalidad de la Procrastinación es la piedra angular para elaborar contramedidas efectivas. Al igual que conocer las fortalezas y debilidades de un oponente conduce a la victoria estratégica, identificar tus patrones únicos de procrastinación te capacita para desarrollar antídotos personalizados.

Este capítulo profundiza en el variado paisaje de las Personalidades de la Procrastinación, brindándote las herramientas para analizar tus propias tendencias y diseñar un mapa para conquistar la procrastinación de una vez por todas.

1 - EL PERFECCIONISTA:

Esa astuta criatura anidada en tu interior, susurrando dudas, exigiendo perfección y encadenándote al escritorio con un bucle interminable de revisiones.

Este duende de alto rendimiento prospera en los detalles, obsesionándose con la coma perfecta, el tono ideal de morado en tu presentación de PowerPoint.

Puede retrabajar una oración veinte veces, retrasando las tareas hasta que destellen con un brillo imposible y fuera de alcance.

Un cambio de la obsesión al progreso es la clave.

Recuerda, hecho es mejor que perfecto.

Es hora de cambiar la lupa del duende por un telescopio, enfocándote en el gran avance del progreso, no en las imperfecciones microscópicas.

Siembra las Semillas de Metas Alcanzables:

En lugar de ahogarte en un océano de "perfecto", divide tus tareas en objetivos pequeños y alcanzables.

Traza tu camino, plantando hitos realistas en el camino.

Estas metas alcanzables se convierten en escalones, cada logro una mini victoria que alimenta tu motivación y silencia los susurros del duende.

Celebra los Pequeños Triunfos:

¡Cada paso adelante, por pequeño que sea, merece un baile de victoria!

Recuerda, el progreso, no la perfección, es nuestro mantra.

Así que celebra el párrafo terminado, la reunión completada, el borrador enviado, por imperfecto que parezca. Cada pequeña victoria va desgastando el poder del Perfeccionista, reemplazándolo con la alegría del logro.

Abraza el Mantra de "Hecho es Mejor":

Este es nuestro grito de batalla, nuestro escudo contra las flechas del Perfeccionista.

Recuerda, "hecho" no es el enemigo de lo bueno; es el liberador de un ciclo interminable de "casi".

Abraza el "hecho" con los brazos abiertos, sabiendo que un proyecto terminado e imperfecto tiene más valor que un borrador perpetuamente retocado.

Así que, respira profundamente, suelta el agarre de la lupa del duende y toma el telescopio del progreso.

Establece metas alcanzables, celebra las pequeñas victorias, y repite conmigo:

"¡Hecho es mejor que perfecto!"

2 - EL SOBREANALIZADOR:

Atrapado eternamente en el laberinto mental, tejiendo interminables telarañas de posibilidades, reflexionando sobre cada ángulo hasta que la acción se convierte en un espejismo lejano.

Esta maravilla analítica se pierde en el laberinto de "y si" y "pero tal vez", paralizado por el peso abrumador de sus propias cavilaciones.

Para superar a este maestro del divagar mental, recurrimos a dos herramientas poderosas:

- Límites de Tiempo

- Caminos Claros

Recuerda, a veces la única forma de salir de un laberinto es comenzar a dar pasos, incluso si el camino por delante no está completamente claro.

Domestica al Monstruo del Tiempo:

El Sobreanalizador prospera en un infinito arenero de tiempo.

¡Así que le damos un reloj!

Establece límites de tiempo razonables para la toma de decisiones.

Ya sea elegir un restaurante para cenar o decidir qué proyecto seguir, define un marco de tiempo y ajústate a él.

Esta estructura actúa como un suave empujón, instando al Sobreanalizador a salir del laberinto mental y entrar en la tierra de la acción.

Mapea el Laberinto Mental:

La mente del Sobreanalizador es un paisaje hermoso, pero a menudo caótico.

Para navegarlo de manera efectiva, necesitamos un mapa.

¡Entra en juego el mapa mental!

Esta herramienta visual ayuda al Sobreanalizador a organizar sus pensamientos, dividir tareas grandes en pasos más pequeños y accionables, y priorizar opciones.

Al ver sus ideas presentadas ante ellos, el Sobreanalizador obtiene una sensación de claridad y dirección, facilitando la escapada del laberinto y embarcándose en el camino elegido.

Recuerda, el progreso, no la perfección, es nuestra guía. No permitas que el Sobreanalizador se enrede en los detalles.

Anímalo a comenzar, a experimentar, a abrazar lo "suficientemente bueno" y confiar en que pueden perfeccionar su camino a medida que avanzan.

Celebra incluso los pasos más pequeños hacia adelante, ya que cada acción tomada desenreda el laberinto, acercándolos más al mundo iluminado por el logro.

3 - LA MARIPOSA SOCIAL:

El Social Butterfly, ese efervescente amigo nuestro, que revolotea de conversación en conversación, atraído hacia el néctar de la interacción social como una abeja hacia una flor.

Este gremlin gregario prospera en la conexión, fácilmente distraído por teléfonos que zumban, notificaciones que chirrían y el canto de sirena de una charla animada.

Pero no temas, colega facilitador, porque tenemos la red para guiarlo suavemente lejos de las distracciones y de vuelta al campo enfocado de la productividad.

Para domar a este maestro del deambular social, recurrimos a dos estrategias clave:

- Crear zonas de trabajo enfocadas
- Recompensar el vuelo con propósito

Construir un santuario libre de distracciones:

El hábitat natural de la Mariposa Social está lleno de conexiones.

Así que le proporcionamos un refugio de tranquilidad enfocada.

Programa momentos de trabajo dedicados donde las distracciones se minimizan.

Silencia las notificaciones, guarda los teléfonos y comunica a amigos y familiares tus períodos de "trabajo profundo".

Esto crea una burbuja protectora donde la Mariposa puede concentrarse en la tarea en cuestión, sin la constante tentación de interacciones sociales.

Néctar para los Logros:

La Mariposa Social prospera con las recompensas, ¡así que hagamos que la productividad sea su dulce más delicioso!

Establece metas alcanzables y vincúlalas con recompensas sociales específicas.

- ¿Terminaste ese informe?
  ¡Tiempo para una charla rápida con un amigo!

- ¿Completaste esa presentación?
  ¡Disfruta de un encuentro virtual con tus seres queridos!

Al vincular la conexión social con los logros, convertimos la productividad en una puerta de entrada al néctar más deseado de la Mariposa, creando un bucle de retroalimentación positiva que alimenta el trabajo enfocado.

Remember that patience and understanding are key. Don't clip the Butterfly's wings, simply guide them towards the garden where they can flourish.

Encourage them to savor the focused flight, to experience the satisfaction of a completed task, and to relish the social rewards that await.

4 - EL ESQUIVADOR DE PLAZOS:

Ese amante de la adrenalina entre nosotros, contento de patinar en el borde del caos, prosperando bajo la presión de la hora undécima.

El motor de este buscador de emociones se enciende solo cuando está alimentado por la sombra inminente de plazos incumplidos, dejando a los colegas agarrándose el cabello y murmurando entre dientes.

Para motivar a este maestro de la procrastinación, abrazamos su amor por los desafíos al tiempo que proporcionamos estructura y emoción.

Recuerda, el Esquivador de Plazos no es perezoso, simplemente necesita la pista adecuada para lanzar su productividad.

Tracemos el curso con mini-hitos:

La vasta extensión de un plazo lejano puede ser abrumadora para un Esquivador de Plazos.

¡Así que dividimos el trabajo! Establecemos plazos realistas con mini-hitos alcanzables en el camino.

Trataremos estos miniobjetivos como puntos de control, donde cada logro sea una pequeña victoria que alimente su impulso y inyecte un sentido de urgencia en el proceso.

Inyecta emoción con temporizadores visuales:

Al Esquivador de Plazos le encanta la presión del reloj que avanza.

¡Démosle uno que puedan ver!

Utilicemos temporizadores visuales para hacer que la cuenta regresiva sea tangible.

Observa cómo la arena se desliza por el reloj de arena o el reloj cuenta los segundos, creando una carrera contra el tiempo que alimenta su espíritu competitivo y lo impulsa hacia la meta.

Endulza el viaje con recompensas divertidas:

Seamos realistas, algunas tareas son simplemente aburridas.

Para mantener al Esquivador de Plazos comprometido, asociemos esas tareas tediosas con recompensas divertidas.

- ¿Terminaste ese informe que adormece la mente?
  ¡Hora de un juego rápido!

- ¿Conquistaste esa tediosa entrada de datos?
  ¡Empieza el baile!

Al vincular el logro con actividades agradables, transformamos el viaje en una búsqueda con emocionantes paradas, motivando al Esquivador a llegar a la línea de meta.

Recuerda, no reprendas al Esquivador de Plazos por sus carreras de última hora, ¡celebra sus logros!

Reconoce su necesidad de emoción y canalízala en energía productiva.

Recuerda, identificarte con una (¡o todas!) de estas Personalidades Procrastinadoras no se trata de culparte a ti mismo, sino de tomar conciencia de ti mismo. Es como descifrar un mapa secreto, cada rasgo de personalidad una pista que te lleva a tu camino personalizado hacia la productividad.

Acepta tus peculiaridades únicas, no con aceptación a regañadientes, sino con curiosidad juguetona. No son defectos, son pinceladas en la obra maestra de tu estilo de enfoque.

¡Ahora es el momento de experimentar!

Trata tu caja de herramientas de enfoque como un tesoro de técnicas. No hay una solución única para todos, así que abraza la alegría del descubrimiento.

Celebra cada plazo cumplido, cada técnica dominada, como hitos en tu viaje personalizado hacia el paraíso de la productividad.

¡Pero la aventura no termina aquí! En los próximos capítulos, nos sumergiremos en el emocionante reino de "Juegos Mentales para una Mente Más Aguda".

Imagine engaging exercises and playful puzzles designed to boost your focus and outsmart procrastination with a smile.

Entonces, toma una respiración profunda y disfruta de la nueva comprensión de tu Personalidad Procrastinadora. Es la llave que desbloquea el patio de juegos del enfoque, un espacio diseñado solo para ti, donde los plazos se transforman en escalones, y las distracciones se convierten en oportunidades para una reinversión lúdica.

Recuerda, la procrastinación no tiene oportunidad contra un guerrero armado con autoconciencia, estrategias personalizadas y sed de exploración juguetona. ¡Adelante, luego, a conquistar a tu Gremlin de la procrastinación y reclamar tu trono de enfoque!

POTENCIA TU ENFOQUE:
Juegos Mentales para una Mente más Aguda

"Nunca es demasiado tarde
para ser lo que podrías haber sido."

- George Eliot

CAPÍTULO 5: FRENESÍ DEL ENFOQUE
Rompecabezas y Actividades Atractivas para Entrenar tu Músculo de Atención

¡Redoble de tambores, por favor!

Bienvenido al corazón del Patio de Juegos del Enfoque: ¡el Frenesí del Enfoque!

Aquí, dejamos de lado los polvorientos libros de texto y los reemplazamos con desafíos juguetones, rompecabezas que desafían el cerebro y actividades que hacen que entrenar tu músculo de atención se sienta como un emocionante paseo por un parque de diversiones.

Olvida los ejercicios aburridos y las rutinas monótonas; estamos a punto de inyectar una dosis de diversión pura en tu rutina diaria de productividad.

¿Listo para ejercitar tus músculos de enfoque?

¡Vamos a sumergirnos en nuestro arsenal de estrategias juguetonas!

1 - JUEGO DEL DETECTIVE DEL TIEMPO: Desenmascara a tus Enemigos del Enfoque

- ¿Alguna vez sientes que tu enfoque revolotea como una mariposa, perseguido por un enjambre de mosquitos distractivos?

- ¿Los susurros de tareas inconclusas y las sirenas de las redes sociales secuestran tu concentración?

¡No temas! Toma tu lupa y bloc de notas, porque nos embarcamos en una emocionante misión para desenmascarar a los ladrones de atención que acechan en las sombras de tu mente.

El Caso de los Minutos Perdidos

Prepara tus herramientas:

- **Temporizador Fiel:**
  Tu puerta de entrada a la atención plena, cinco minutos a la vez.

- **Diario Observador:**
  Un lienzo para capturar a los escurridizos "enemigos del enfoque".

Respiraciones Profundas, Anclaje Interno:

Cierra los ojos.
Siente el ritmo de tu respiración.

Este es tu ancla, tu refugio cuando las distracciones arrecian.

Cinco Minutos de Atención Plena:

Configura el temporizador y entra al campo de batalla de tu mente.

Observa, pero no juzgues, los pensamientos que pasan fugazmente.

Atrapa a los Culpables:

Cada pensamiento fugaz, preocupación o tarea pendiente: estos son tus "enemigos del enfoque".
No los combatas, solo reconócelos.

Abre los ojos por un instante y apúntalos en tu diario.

Analiza las Pruebas:

El temporizador suena, señalando el fin de tu misión de vigilancia.

Ahora, ¡interroga a tus sospechosos mentales!

Identifica a los Más Buscados:

- ¿Cuáles distracciones te persiguen más?
- ¿El canto de las redes sociales?
- ¿La lista interminable de cosas por hacer?

Estos son tus archienemigos del enfoque.

Descubre Patrones:

- ¿Tus enemigos aparecen en olas predecibles?
- ¿Te emboscan en momentos específicos del día?

Conocer sus tácticas te da ventaja.

Brainstorming de Bloqueo:

¡Es hora de burlar a estos ladrones de atención! Deja brillar tu creatividad:

Silenciar el Zumbido: ¿Puedes poner tu teléfono en modo avión, silenciando sus tentadoras notificaciones?

Construir tu Fortaleza: Invierte en auriculares con cancelación de ruido o crea un espacio de trabajo enfocado libre de distracciones.

Adoptar Soluciones Juguetonas:

¡Convierte la concentración en un juego! Utiliza la Técnica Pomodoro o establece temporizadores de atención plena para vencer las distracciones y recompensarte por mantenerte en camino.

¡Misión Cumplida!

Armado con el conocimiento de tu propio paisaje mental, ya no estás a merced de los enemigos del enfoque.

Dosis regulares del Juego del Detective del Tiempo afilarán tu atención, desbloquearán un enfoque láser y te transformarán de una mariposa distraída en un águila enfocada, elevándote por encima de las distracciones y conquistando cualquier desafío que se atreva a cruzar tu camino.

2 - EL DESAFÍO DE LA CAOS DE LA MEMORIA: ¡Estira esos músculos mentales!

Listo para dejar atrás las notas adhesivas y abrir la bóveda de tu mente. Adéntrate en la arena del Desafío de la Caos de la Memoria, una aventura lúdica de entrenamiento cerebral que transforma objetos cotidianos en campeones de tu memoria.

Prepárate, porque tu cerebro está a punto de someterse a un emocionante entrenamiento disfrazado.

Safari de Belleza Visual

Reúne tus herramientas de memoria:

Emprende una búsqueda del tesoro por tu reino, explorando diez objetos curiosos;

- ¿Un calcetín desparejado?

- ¿Una taza de café vintage?

¡Deja que tu imaginación sea tu guía!

El Gran Desfile:

Organiza a tus campeones seleccionados en una bandeja, creando una secuencia de memoria única.

Recuerda, ¡el orden es tu código secreto!

Refuerzo Cerebral con Venda en los Ojos:

Respiraciones profundas, visión interna:
Cierra los ojos y sumérgete profundamente en tu teatro mental.

Visualiza la bandeja, cada detalle de tus campeones en sus posiciones designadas.

Garabatos de la Memoria:

Armado con bolígrafo y papel, conviértete en un detective de la memoria.

Transcribe la secuencia de objetos en la página, dejando que tu recuerdo fluya libremente.

La Gran Revelación y Más Allá:

¡Ta-Da! Triunfo de la Verdad:

Abre los ojos y compara tu secuencia escrita con la bandeja real.

¿Se mantuvieron firmes tus campeones?

¡Celebra cada éxito, porque cada punto es una vuelta de victoria!

Sube de Nivel, Maestro de la Memoria:

¿Te sientes invencible?

Añade otro campeón a la refriega y repite la misión con los ojos vendados.

Supera tus límites, aumentando gradualmente la dificultad a medida que crece tu músculo de memoria.

Bonus de la Caos de la Memoria:

Secuencias Picantes: ¡Aumenta la intensidad! Incorpora campeones codificados por colores, tesoros texturizados o sorpresas cambiantes de forma. ¡Conviértelo en un juego de Tetris mental!

Compañeros de la Memoria: ¡Reúne a tus aliados! Únete con amigos o familiares para una amigable batalla de memoria. Crea secuencias, prueba el recuerdo de cada uno y ríete mientras agudizas tus mentes.

El Desafío del Caos de la Memoria no es solo una distracción juguetona; es una sesión de esculpido para tus músculos mentales.

Cada aventura con los ojos vendados perfecciona tu enfoque, agudiza tu memoria y transforma tu capacidad de recordar en una obra maestra. Así que, reúne a tus campeones, cierra los ojos y ¡que comience el caos!

Recuerda, en la arena de la memoria, el único límite es tu imaginación. Y mientras te embarcas en este viaje juguetón, recuerda, cada campeón que recuerdes es un testimonio de tu creciente destreza mental.

3 - EL EJERCICIO DE JUEGOS DE PALABRAS:
¡Libera Tu Virtuosismo Verbal Interno!

¿Listo para ejercitar tus músculos lingüísticos y pintar la ciudad de rojo (o, bueno, del color que tu letra elegida inspire)? ¡El Ejercicio de Juegos de Palabras está aquí para llevar a tu cerebro a un encantador campo de entrenamiento, sin flexiones ni cuestionables batidos de proteínas!

Prepárate para explorar el vibrante paisaje del lenguaje con creatividad, risas y una buena dosis de diversión.

Arena del Alfabeto

Elección del Maestro de las Palabras:

Sumérgete en el océano de letras.

Elige cualquier letra que haga vagar tu imaginación.

- ¿Sintiendo ardor?
  Enciende tu pasión con una audaz "A".

- ¿Anhelando tranquilidad?
  Flota en la serenidad de una "S".

¡Las posibilidades son infinitas!

Extravaganza de Búsqueda de Palabras:

¡Es hora de transformarte en un explorador lingüístico!

Emprende una emocionante búsqueda de palabras, buscando diez tesoros que comiencen con tu letra elegida.

Podría ser cualquier cosa, desde criaturas peculiares ("koala", "kiwi", "canguro") hasta maravillas cotidianas ("mochila", "plátano", "bicicleta") o reinos fantásticos ("dragones", "enanos", "dinosaurios").

Deja que tu imaginación sea tu brújula y que tu viaje sea guiado por la curiosidad.

Enfrentamiento de Sinónimos:

Se Busca Maestro de las Palabras:

Ahora, agreguemos un toque lingüístico a tus descubrimientos.

Para cada ítem en tu lista, libera tu tesauro interior y descubre tres sinónimos.

- ¿Puedes transformar "intrépido" en "audaz", "atrevido" o "valiente"?

- ¿Puedes convertir "murmurio" en "murmuración", "murmuración" o "susurro"?

Abraza la riqueza del lenguaje y maravíllate de su capacidad camaleónica para cambiar y transformarse.

Saga de Historia Tonta:

Tejiendo Maravillas Verbales:

Es hora de liberar a tu narrador interior.

Crea un cuento caprichoso que dé vida a tus diez palabras elegidas.

Quizás un valiente "tejón" emprenda una búsqueda para conquistar a un gruñón "duende" mientras navega por una jungla "estridente".

O tal vez una "pelota" saltarina lidera a un elenco de personajes curiosos en una loca aventura a través de una tierra de risas.

Deja que tu creatividad hilvane una historia de ingenioso juego de palabras, y recuerda, no hay giros incorrectos en la tierra de la imaginación.

Wordplay Workout Bonus:

Giros Cronometrados: ¿Te sientes competitivo? ¡Aumenta la intensidad con desafíos amistosos contra el tiempo! Configura un temporizador para cada fase del entrenamiento y compite contra el reloj para ver cuántas palabras puedes encontrar o cuántas sílabas puedes meter en tu historia tonta. ¡Deja que la risa y la competencia amistosa potencien tu capacidad cerebral!

Equipos Temáticos: ¡Únete a tus compañeros entusiastas de las palabras! Elige un tema para tu búsqueda de palabras y creación de historias, como "espacio exterior" o "mundo submarino". Deja que el trabajo en equipo y la imaginación tejan una tela de creatividad compartida, demostrando que la colaboración hace que el viaje lingüístico sea aún más emocionante.

El Entrenamiento de Juegos de Palabras es más que una travesía lúdica por el diccionario; es un parque cognitivo donde el aprendizaje y la risa van de la mano.

Al malabarear letras, explorar sinónimos y crear narrativas divertidas, mejorarás tu vocabulario, afilarás tu enfoque y ejercitarás tu flexibilidad cognitiva.

Entonces, toma tu diccionario, elige tu letra y ¡que comience la aventura de juegos de palabras!

Recuerda, en el reino del lenguaje, la única limitación es tu imaginación y el viaje siempre es más cautivador que el destino.

4 - EL MOSAICO DE LA ATENCIÓN PLENA:
Tejiendo Calma en Medio del Caos

¿Sientes que estás en medio de un acto de malabares que ha salido mal, con pelotas de estrés cayendo a tu alrededor? Respira profundamente, compañero viajero, y adéntrate en el apacible santuario de El Mosaico de la Atención Plena.

Esta práctica diaria no es un hechizo mágico, sino una pincelada suave que teje momentos de calma en medio del vibrante tapiz de tu día.

Tejiendo Serenidad en tu Día

Encuentra tu Refugio:

Busca un rincón de serenidad dentro de tus propias paredes.

Un rincón iluminado por el sol, un oasis tranquilo en tu habitación, o incluso un refugio natural si el clima te invita con susurros.

Cierra los ojos, dejando que el mundo externo se suavice y difumine.

El Ancla de la Conciencia:

Ahora, dirige tu atención suavemente hacia tu respiración, el ritmo constante de la vida misma.

Siente el aire fresco danzar por tus fosas nasales, llenando tus pulmones con una expansión suave.

Observa la exhalación, liberando cualquier tensión o preocupación como nubes que se disuelven en el vasto cielo azul.

El Baile de la Mente:

No te sorprendas si tu mente divaga.

Es como una mariposa curiosa, revoloteando aquí y allá.

Cuando surjan pensamientos, acéptalos con una cálida sonrisa y luego guía suavemente tu atención de nuevo hacia el firme ancla de tu respiración.

Imagina tu mente como un lago sereno y los pensamientos como ondas que perturban la superficie.

Pero al igual que el lago vuelve a su quietud, tu mente también puede encontrar su centro.

Construyendo tu Mosaico, Día tras Día:

Con cada práctica diaria de El Mosaico de la Atención Plena, estás colocando pequeñas teselas de tranquilidad dentro de tu mente.

Con el tiempo, estas teselas se unen para formar un hermoso mosaico de enfoque, calma y claridad.

Te encontrarás mejor preparado para navegar por las distracciones de la vida diaria, permaneciendo presente en el momento y enfocado en la tarea en curso.

Recordatorios:

Comienza poco a poco, incluso con solo unos minutos de atención plena cada día.

Ten paciencia contigo mismo; cultivar la conciencia es un viaje, no un destino.

¡Disfruta del proceso! La atención plena no se trata de lograr la perfección, sino de apreciar el momento presente en toda su riqueza.

Entonces, sigue adelante y teje tu propio mosaico de atención plena. Con cada respiración consciente, suelta el caos y abraza la serena belleza del momento presente.

Recuerda, incluso el acto más pequeño de autocuidado, como esta práctica suave, puede expandirse, creando una ola de calma que no solo te afecta a ti, sino también al mundo que te rodea.

5 - LA LISTA DE LOGROS INVERTIDA:
Celebrando el Arte de Concluir Tareas

¿Te despiertas cada mañana sintiéndote como un hámster en una rueda de productividad? Listas interminables de tareas pendientes que se ciernen sobre ti, cada casilla sin marcar es un peso en tus hombros.

Bueno, amigos, hay un cambio revolucionario en el horizonte, y es hora de desechar la temida lista de tareas pendientes y abrazar el poder de su triunfante primo: ¡la Lista de Logros!

La Lista de Logros no es solo una elegante hoja de verificación; es una transformación de mentalidad, una fiesta de productividad en un paquete de papel y bolígrafo. Se trata de cambiar el guion, convirtiendo la presión de las tareas no concluidas en la dulce satisfacción de los logros conquistados.

Entonces, ¿estás listo para reescribir tu historia de productividad?

Conquista tu Caos

Deshazte de la Desesperación, Abraza lo Hecho:

Lo primero es lo primero, despídete de esa montaña que siempre crece de "cosas por hacer".

Toma una página en blanco (¡o una pantalla!), porque aquí no estamos escribiendo una historia de terror.

Este es tu Cuartel General de la Lista de Logros, un lienzo vibrante donde pintarás tus victorias diarias con trazos audaces.

Ninguna tarea es demasiado pequeña, mundana o tonta –

- ¿Venciste al dragón del correo electrónico?

- ¿Conquistaste el monstruo de la colada?

¡Apúntalo! Cada paso hacia adelante merece un lugar en tu trono de Lista de Logros.

Rayar, No Tachar:

Olvídate de tachar las cosas; ¡vamos a rayarlas con precisión láser!

Cada tarea completada es una mini-celebración, un cañón de confeti para tu cerebro, que te baña en orgullo y motivación.

Con cada rayado, no solo estás marcando una casilla; estás construyendo un monumento a tu propia productividad, un testimonio de tu capacidad para hacer las cosas.

Victorias al Final del Día:

Cuando el sol se oculta bajo el horizonte, tómate un momento para disfrutar del resplandor de tu Lista de Logros.

Lee tus logros, saborea la sensación de un día bien vivido y deja que las buenas vibras te envuelvan.

¡Lo lograste hoy, campeón!

Hecho es el Nuevo Hecho:

La Lista de Logros no es solo una manera elegante de marcar las cosas; es una potencia de productividad con superpoderes:

- **Foco en el Progreso:** Cambia el enfoque de "lo que queda" a "lo que está hecho", impulsando la confianza y alimentando el fuego del crecimiento.

- **Motivación Magnética:** Ver crecer tu lista es como tener un animador personal, animándote a conquistar la siguiente tarea con aún más entusiasmo.

- **Jardín de Gratitud:** La Lista de Logros nutre una apreciación saludable por tus propios esfuerzos, recordándote tus habilidades asombrosas.

- **Asesino del Agotamiento:** ¡No más ahogarse en el pantano del "por hacer"! Celebrar las tareas realizadas reduce el estrés y promueve un enfoque sostenible y equilibrado hacia la productividad.

Entonces, toma tu bolígrafo, libera a tu campeón interior y comienza a tejer tu propio tapiz de victorias con la Lista de Logros.

La productividad no se trata solo de marcar casillas; ¡se trata de celebrar la alegría de lograr cosas! Vamos a reescribir el guión juntos, un tachado a la vez. El mundo (y tu cordura) te lo agradecerán.

6 - LA GALLETA DE LA FORTUNA DEL ENFOQUE:
Inspiración en Porciones para una Concentración Afilada como una Cuchilla

¡Deja atrás la caída de energía y la espiral de autodudas! Bienvenido a La Galleta de la Fortuna del Enfoque, donde la inspiración juguetona se encuentra con una concentración afilada como una cuchilla. No más beber brebajes azucarados o luchar contra el parloteo mental.

Este es tu pasaporte a una tierra de atención afilada como un láser, cortesía de sabiduría en porciones y un toque de diversión.

La Fortuna Favorece al Enfocado

Creando Tu Solución para el Enfoque:

Reúne tus ingredientes: Necesitarás un toque de creatividad, una pizca de color (¡plumas!), y cuadrados de papel (cuanto más pequeños, más poderosos).

Canaliza al sabio interior:

Escribe palabras que enciendan tu enfoque.

Afirrmaciones positivas, recordatorios juguetones o citas que aviven tu atención: ¡deja que tu pluma baile!

¿Necesitas inspiración? Prueba estas gemas dignas de una fortuna:

- "Como un láser cortando la niebla, tu enfoque brilla con fuerza."

- "Silencia el parloteo interno, escucha el llamado de tu tarea."

- "Un aliento, un paso, un momento a la vez."

- "Cierra los ojos, visualiza el éxito, observa cómo se eleva tu enfoque."

- "¡Ardilla! Espera, ¡no, enfoque! ¡Tú puedes!" (Para una pausa divertida)

Dobla con amor:

Transforma tus cuadrados de papel en mini galletas de la fortuna.

¡No se necesita perfección en el origami! Un toque de creatividad es todo lo que se necesita.

Guarda tus armas secretas:

Guarda tus Galletas de la Fortuna del Enfoque en un frasco vibrante, una bolsa encantadora o incluso en tu bolsillo.

Estos son tus animadores de bolsillo, listos para despertar tu atención cuando lo necesites.

Cuando el enfoque necesite un empujón:

Alcanza tu frasco de galletas, cierra los ojos y elige una galleta (¡al azar o intuitivamente, tú decides!).

Despliega el mensaje y deja que las palabras te envuelvan.

Respira profundamente, inhala la inspiración, exhala las distracciones.

Siente cómo tu enfoque se agudiza, tu atención como un láser.

Recuerda, la Galleta de la Fortuna del Enfoque es más que un regalo de papel; es un recordatorio de tu fuerza interior y tu potencial inquebrantable.

Acepta el poder lúdico de estas inspiraciones en miniatura y observa cómo tu atención se transforma en un superpoder.

Consejo adicional:

¡Sé creativo/a con los sabores de tus galletas!

- ¡Añade una pizca de canela para un enfoque ardiente!

- ¡Un toque de lavanda para una concentración relajante!

- ¡O incluso una pizca de menta para un impulso mental refrescante!

7 - DESAFÍO "¿QUÉ HARÍA MI HÉROE?":
Convoca a tu Superhéroe Interior para Hazañas Atrevidas

¿Te sientes como un ciudadano común enfrentándote a una montaña de tareas por hacer? Dile adiós a las dudas, ¡porque tenemos el arma secreta para despertar a tu superhéroe interior: El Desafío "¿Qué Haría Mi Héroe?"!

Convoca a tu Héroe Interior

Elige a tu Campeón:

Cierra los ojos y evoca a tu superhéroe personal, leyenda literaria o modelo ficticio.

Podría ser la valentía incansable de Wonder Woman, el ingenio astuto de Sherlock Holmes o el entusiasmo contagioso de Elsa de Frozen.

Quienquiera que encienda tu fuego interior y te haga creer en hazañas imposibles, que sea tu guía.

Evalúa la Misión:

Respira profundamente y enfrenta la tarea aparentemente insuperable ante ti.

¿Es vencer una fecha límite inminente, navegar por un proyecto complejo o simplemente salir de tu zona de confort?

Define tu misión claramente, como tu héroe confrontando a un villano amenazador.

Canaliza el Espíritu del Héroe:

Ahora, ponte en los zapatos de tu campeón elegido.

- ¿Cómo abordarían este desafío?

- ¿Se lanzarían de cabeza con valentía inquebrantable, planificarían meticulosamente cada movimiento como Batman o reunirían a un equipo de aliados como el Capitán América?

Imagina sus fortalezas y estrategias:

Wonder Woman: "¡Nadie camina solo!" Construir apoyo y buscar inspiración en otros puede alimentar tu confianza y empoderarte para conquistar cualquier obstáculo.

Sherlock Holmes: "¡Observa, deduce y conquista!" Agudizar tu enfoque, analizar la situación y planificar estratégicamente pueden iluminar el camino hacia el éxito.

Elsa: "¡Déjalo ir! ¡Abraza el flujo!" Liberar la negatividad, confiar en tus instintos y adaptarte a los desafíos puede desbloquear tu potencial oculto.

Libera a tu Héroe Interior:

¡Conviértete en uno con tu campeón elegido! Canaliza sus fortalezas, su mentalidad y su firme resolución.

Recuerda, los héroes enfrentan contratiempos y caídas, pero siempre se levantan de nuevo.

Utiliza esos momentos como combustible para tu propia determinación, al igual que Iron Man reconstruyéndose después de cada batalla.

Celebra tu Victoria:

Ya sea que derrotes al dragón de la fecha límite o conquistes tu quimera de zona de confort, ¡tómate un momento para celebrar!

Has canalizado a tu héroe interior y has salido victorioso.

Recuerda, cada triunfo, grande o pequeño, allana el camino para aventuras aún mayores.

Más Que Motivación:

Esta práctica es más que una herramienta motivacional; es un recordatorio del inmenso poder que hay dentro de cada uno de nosotros. Todos tenemos héroes dentro, esperando ser liberados. Así que, adelante, elige a tu campeón y enfrenta tus desafíos con el corazón de un héroe.

Recuerda, el mundo necesita tu valentía única, tu brillantez estratégica y tu esperanza inquebrantable.

Ahora, ¿quién es tu héroe?

¿Quién está esperando guiarte en tu próxima búsqueda épica?

8 - EL TEMPORIZADOR DE VIAJE EN EL TIEMPO:
Doblegando el Tiempo a tu Favor
para una Productividad Extraordinaria

- ¿Cansado de la sensación de que los minutos se derriten en horas sin nada que mostrar?

- ¿Listo para doblar el tiempo, no romperlo, y desbloquear un reino de productividad épica?

Ingresa al Temporizador de Viaje en el Tiempo, tu arma lúdica pero poderosa contra la procrastinación y la atención dispersa.

Velocidad de Distorsión Activa

Elige tu Portal de Productividad:

Identifica tu objetivo:

- ¿Conquistar una montaña de correos electrónicos?

- ¿Eliminar ese informe atrasado?

- ¿Prepararte para un examen sin entrar en pánico?

¡Sé específico, sé audaz!

Establece las coordenadas:

Comienza pequeño, apunta a 15-20 minutos de paraíso de hiperenfoque.

Siempre puedes extender tu viaje más tarde.

Equípate con tu Dispositivo de Viaje en el Tiempo:

Ya sea un fiable temporizador de cocina o una aplicación elegante, elige la herramienta que alimenta tu aventurero interior.

Ajusta la duración, pero aquí está el giro temporal: ¡Etiquétalo con un intervalo de tiempo significativamente más largo!

Por ejemplo, en lugar de un aburrido "15 minutos", transfórmalo en:

- "2 horas en el Paraíso de Hiperenfoque"

- "4 horas en el Paraíso de Productividad"

- "Velocidad de Distorsión: ¡Activar!" (Para el fan de Star Trek en ti)

Sumérgete en tu Vórtice de Productividad:

A medida que el temporizador inicia la cuenta atrás, deja que tu imaginación vuele.

Imagínate entrando en una dimensión donde el tiempo se dobla a tu voluntad, donde los minutos se estiran en horas de enfoque láser y las distracciones pierden su canto de sirena.

Siente la oleada de motivación alimentada por la ilusión de un tiempo abundante.

Abraza la Ilusión, Abraza el Enfoque:

¡No mires el tiempo real! Deja que la etiqueta distorsionada sea tu guía.

Observa cómo tu enfoque se intensifica al creer que tienes una eternidad para trabajar.
Observa cómo las distracciones se convierten en meros susurros frente a tu fortaleza de productividad.

Tiempo para una Vuelta Triunfal:

Cuando suene el temporizador, ¡celebra tu viaje a través del agujero de gusano temporal!

Reflexiona sobre el progreso que has logrado, los correos electrónicos eliminados, el conocimiento absorbido; una prueba de que la percepción realmente afecta la productividad.

Tómate un breve descanso para recargar energías, repostar y prepararte para tu próxima aventura de distorsión temporal.

Recuerda: El tiempo es una herramienta, no un tirano. Al manipular nuestra percepción de él con un giro lúdico, accedemos a un reservorio oculto de enfoque y motivación.

Así que, toma tu Temporizador de Velocidad de Distorsión, elige tu destino y avanza a toda velocidad hacia resultados extraordinarios.

TRANSLATE: 9 - EL MINUTO CONSCIENTE:
Desbloqueando el Enfoque a Través del Poder de lo Mundano

Piensas que tu atención es una mariposa en Red Bull, revoloteando de tarea en distracción con una velocidad relámpago.

Es hora de entrenar ese músculo del enfoque con una herramienta sorprendentemente potente: el objeto ordinario en tu espacio de trabajo.

Prepárate para El Minuto Consciente, un ejercicio diario que transforma lo mundano en un portal hacia una atención láser.

Domar la Mariposa

La Cita al Azar:

¡Nada de pensarlo demasiado! Echa un vistazo alrededor de tu escritorio y simplemente toma lo que llame tu atención.

Una pluma confiable, un clip de papel acariciado por el sol, incluso tu taza de café astillada que sostiene tu combustible matutino; cualquier objeto se convierte en tu compañero de enfoque durante el próximo minuto.

Encuentros Cercanos del Tipo Enfocado:

Con los ojos cerrados, respira profundamente y deja que el mundo se desvanezca.

Ahora, abre los ojos y fíjate en el objeto que has elegido.

Este minuto es su universo, y tú, el curioso explorador.

Un Viaje a Través del Detalle:

Embárcate en una microaventura, trazando el terreno del objeto.

Sigue sus curvas con tu mirada, observa cómo la luz del sol baila en su superficie.

- ¿Es suave como la seda o rugoso como un susurro?

Sumérgete en los detalles: un pequeño rasguño, un borde desgastado, cada uno contando una historia de su viaje.

Más Allá del Objeto, Dentro de la Mente:

Mientras observas, siente tu respiración, el ritmo tranquilo de tu pecho.

Observa cómo la quietud se instala mientras resistes la tentación de mirar tu teléfono o dejar que los pensamientos secuestren tu enfoque.

Mira cómo se agudiza tu atención, con el ruido circundante desvaneciéndose en un zumbido distante.

De Vuelta al Mundo, una Mente Transformada:

Cuando el minuto suene, regresa suavemente al mundo.

Echa un último vistazo a tu objeto, esta vez con los ojos de un explorador enfocado.

Siente el poder de la atención láser zumbando dentro de ti.

Desbloqueando el Tesoro de Beneficios:

El Minuto Consciente no es solo un truco de magia; es un potente campo de entrenamiento para tu mente:

- **Bootcamp de Enfoque:** Al perfeccionar tu atención en un objeto, desarrollas la resistencia para conquistar tareas más grandes con precisión láser.

- **Masterclass de Atención Plena:** Aprende a estar presente en el momento, libre de distracciones y de la orquesta de charlas mentales.

- **Sociedad de Apreciación de Objetos Ordinarios:** Descubre la belleza oculta y los detalles intrincados tejidos en la tela de lo cotidiano.

El Minuto Consciente es más que solo un ejercicio; es un pasaporte hacia un tú más tranquilo y enfocado.

Así que, tómate un minuto, abraza el poder de lo ordinario y ¡observa cómo tu atención mariposa se transforma en un rayo láser de enfoque!

10 - LA FÁBULA DEL ENFOQUE:
Desata a tu Narrador Interior

- ¿Alguna vez has sentido que tu lista de tareas es un duendecillo travieso susurrando "¡ardilla!" cada cinco segundos?

- ¿Desearías poder conquistar la procrastinación e impulsar tu enfoque con una pizca de diversión?

Alistate, porque La Fábula del Enfoque Challenge ha llegado. Es hora de convertir la lucha contra las distracciones en una aventura caprichosa de cuentos, donde la risa alimenta tu atención y lo absurdo se convierte en tu arma secreta.

Derrotando Dragones de Distracción

Crea tu Elenco Estrafalario:

Imagina un héroe como ningún otro.

Piensa en dragones olvidadizos que anhelan escribir epopeyas, ardillas hiperactivas con inventos basados en bellotas, o incluso cactus que bailan tap (porque, ¿por qué no?).

Dale a tu personaje un objetivo absurdo, algo tan ambicioso que parezca imposible con su atención dispersa.

- ¿Construir un cohete impulsado por granos de palomitas de maíz?

- ¿Componer una canción de cuna para gnomos gruñones?

¡Cuanto más extravagante, mejor!

Obstáculos Juguetones y Soluciones Ridículas:

Ahora, ¡deja que entren en escena los monstruos de la distracción!

Imagina bolitas de polvo traviesas que roban tu lista de tareas, loros amantes del chisme que ahogan la inspiración, o tal vez un duende travieso que cambia constantemente las reglas del juego.

¡Pero espera! Justo cuando tu héroe está a punto de tirar la toalla, permítele tropezar con soluciones juguetonas.

Quizás cantar canciones tontas les ayude a recordar sus tareas, o tal vez construir un fuerte con distracciones cree una acogedora zona de enfoque.

¡Anima a tu héroe a ser creativo, a burlarse de las bestias de distracción con risas y astucia!

**Comparte el Escenario,
Difunde la Alegría del Enfoque:**

¡El acto final se trata de compartir tu obra maestra!

Reúne a tus amigos, familiares, o incluso a tu pez dorado mascota (sorprendentemente son buenos oyentes) y representa tu Fábula del Enfoque con todo el dramatismo que puedas reunir.

Usa voces tontas, canta canciones extravagantes y deja que tu espíritu juguetón brille.

Recuerda, la verdadera magia radica en el mensaje.

Mientras compartes tu historia, anima a todos a adoptar sus propias estrategias juguetonas de enfoque.

¡Felicidades, Maestro de la Fábula del Enfoque!

No solo has creado un relato encantador, sino que también has descubierto el secreto para vencer la procrastinación con una sonrisa.

El enfoque no se trata solo de productividad; se trata de abrazar el potencial juguetón que todos llevamos dentro. Así que, adelante, difunde la alegría de las Fábulas del Enfoque y observa cómo tus sueños alzan vuelo sobre alas de creatividad y risas.

Recuerda, cada ejercicio en esta serie es un bloque de construcción, fortaleciendo tu músculo de atención y allanando el camino para una vida de productividad sin esfuerzo y enfoque vibrante.

CAPÍTULO 6: MAESTROS DE LA MEMORIA:
Afilar tu Recuerdo para Eliminar la Trampa del "Fuera de Vista, Fuera de la Mente"

¿Alguna vez has perseguido tu propia cola tratando de recordar esa fecha límite crucial o detalle importante que desapareció como un anillo de humo? Sí, ese escurridizo duende en el Patio del Enfoque ha golpeado de nuevo, convirtiendo tu plan organizado en una torre precaria de "listas de problemas".

Hoy, nos embarcamos en una emocionante búsqueda para transformarte en un Maestro de la Memoria, equipado con trucos juguetones y técnicas poderosas para desterrar al bandido del "fuera de vista, fuera de la mente" para siempre.

Seamos honestos, depender únicamente de nuestros archivos mentales es como confiarle tu lista de compras a una ardilla. Malabarear fechas límite, citas y la sobrecarga de información deja a nuestras pobres memorias fallando como una conexión a internet de marcado en una tormenta eléctrica.

Pero en lugar de lamentar las llaves perdidas o los cumpleaños olvidados, ¡cambiemos el guion! Estamos aquí para abrazar el arte de la memorización intencional, convirtiéndolo en un juego de destreza mental donde el olvido se convierte en una reliquia distante y polvorienta.

Así que, toma tu equipo de agilidad mental y prepárate para desbloquear tu Maestro Interior de la Memoria con estas herramientas clave:

1 - EL ROMPECABEZAS DEL PALACIO MENTAL:
¡Construye tu Palacio Mental!

Recuerda esos días de la infancia pasados construyendo épicas castillos de arena o reinos extensos con crayones.

Sacude esa chispa mágica de arquitectura imaginativa, estimado lector, ¡porque nos embarcamos en una gran búsqueda para construir tu propio Palacio Mental!

Olvídate de aburridos archivadores; este no es el juego de memoria de tu abuela. Estamos hablando de secuoyas imponentes rebosantes de conocimiento, conchas caprichosas desbordantes de datos y castillos en las nubes que se elevan con asociaciones vibrantes.

Imagina tu refugio infantil de elementos fantásticos; ese es el plano para tu Palacio Mental. ¡Libera a tu artista interior!

Desata a tu Arquitecto Interior

Sentando las Bases:

Cierra los ojos y respira profundamente.

Siente el suelo suave bajo tus pies, empápate de la atmósfera única de tu palacio.

¿Está bañado por un sol juguetón o envuelto en sombras misteriosas?

Cada detalle es tuyo para crear.

Decorando con Anclas Vívidas:

Ahora, transformemos tu palacio en una fortaleza de memoria vibrante.

Imagina un calendario parlante que te recuerda fechas importantes, o una sala de trofeos zumbando con las melodías de logros pasados.

Cada objeto se convierte en un ancla de memoria, una señal que te guía de vuelta a la información que buscas.

La Juguetona Guía:

¡La tontería no es solo para niños!

Imagina un reloj despertador gigante chillando perpetuamente en tu jardín para un próximo plazo, o una tetera traviesa desbordante de listas de compras olvidadas.

Deja que tu niño interior se desate y crea asociaciones que se adhieran a tu cerebro como algodón de azúcar.

Almacenar y Recuperar con Facilidad:

¿Necesitas destacar en esa presentación?

Da un paseo mental por tu palacio y encuentra la pizarra parlante que anota tus notas.

¿Quieres recordar el cumpleaños de tu amigo?

Entra en la habitación del pastel cantante y deja que la melodía refresque tu memoria.

Tu Palacio Mental se convierte en tu sistema de recuperación personalizado, listo para ofrecer información a pedido.

La Práctica Hace al Maestro:

Como cualquier habilidad nueva, tu Palacio Mental necesita algo de cariño. Comienza con recuerdos pequeños y luego escala gradualmente las paredes de la complejidad. Cuanto más explores e interactúes con tu palacio, más fuerte se volverá tu músculo de la memoria.

Desbloqueando un Tesoro de Beneficios:

Este ejercicio lúdico es más que un truco de fiesta; es una puerta de entrada a una mente poderosa:

- **Memoria Mejorada:** Las asociaciones vívidas forjan conexiones duraderas, facilitando el recuerdo.

- **Aumento de la Creatividad:** Construir tu palacio aprovecha tu potencial imaginativo, desbloqueando superpoderes creativos de resolución de problemas.

- **Reducción del Estrés:** La naturaleza lúdica del Palacio Mental quita presión al memorizar, convirtiendo el aprendizaje en una aventura.

Así que, toma tu paleta de imaginación y martillo de creatividad, querido lector. Es hora de desatar a tu arquitecto interior y construir tu Palacio Mental, una fortaleza de recuerdos y un patio de recreo para un aprendizaje lúdico.

2 - LA MELODÍA MNEMOTÉCNICA:
Desata a Tu Bardo Interior

¿Cansado de listas aburridas y lapsos de memoria? Deja de lado las tarjetas didácticas y sacude tu guitarra invisible, porque estamos revolucionando el mundo de la retención de información con la Masterclass de Melodías Mnemotécnicas.

Esto no es el aprendizaje académico tradicional, estamos convirtiendo datos en ritmos divertidos y conocimientos en estribillos pegajosos.

Encuentra tu Ritmo Interior

Elige tu Lista de Reproducción:

- ¿La lista de compras te hace bailar?

- ¿Las fórmulas científicas ruegan por un himno disco?

- ¿Fechas históricas ansían una balada majestuosa?

¡El escenario es tuyo, maestro!

Elige un tema que necesite un poco de magia musical.

Canaliza tu Rockstar Interior:

- ¿Te ves rimando sobre "brócoli bailarín" y "fresas cantantes"?

- ¿O entonando versos épicos sobre triunfos históricos?

Deja que tu espíritu musical te guíe y crea un ritmo que haga que tu cerebro quiera saltar.

Crea Letras que se Queden:

Magia con las Palabras: ¡Aquí es donde brilla tu bardo interior! Entrelaza tu información en el tejido de tu melodía utilizando rimas, juegos de palabras e incluso un toque de humor. Recuerda, cuanto más extraño, ¡mejor!

Jam de Lista de Compras: En lugar de aburridos puntos, rapea sobre "floretes de brócoli que bailan" y "fresas que cantan serenatas". O incluso un himno disco funky sobre "queso que se mueve y leche que baila".

Hit Parade Histórico: Convierte fechas en versos dramáticos y eventos en coros vibrantes. "Rimas revolucionarias en 1776" o "versos victoriosos para los valientes y audaces" - deja que tus letras cuenten la historia con un toque musical.

Canta, Baila y Conquista la Información:

¡No solo tararees, cántalo con fuerza!

Esto no es karaoke, ¡esto es dominio de la información!

Toca la guitarra invisible como una estrella de rock, baila por la habitación como un ícono pop y deja que la música te envuelva.

Cuanto más te muevas, más profundamente la información se grabará en tu memoria.

Repite y Perfecciona:

Como cualquier buena canción, una melodía mnemotécnica necesita práctica.

Cántala mientras te desplazas, tararéala en la ducha, toca tus pies al ritmo mientras esperas en la fila.

Cada repetición construye una fortaleza de conocimiento más fuerte.

Desbloquea el Tesoro de Beneficios:

- **Maestro de la Memoria:** Al vincular la información a melodías pegajosas, activas un poderoso camino de recuperación. Recordar se vuelve sin esfuerzo, como cantar tu canción favorita.

- **Explosión de Compromiso:** Aprender ya no es una tarea, ¡es una fiesta! La alegría de la música impulsa la motivación y mantiene tu enfoque bloqueado como un rayo láser.

- **Catalizador de Creatividad:** Crear tus propias letras y melodías libera a tu bestia creativa interior. Aprender se convierte en una aventura divertida, y tu cerebro se convierte en un patio de recreo de posibilidades.

Convierte la información en sinfonías, los hechos en ritmos pegajosos, y observa cómo tu memoria florece con el poder de la Melodía Mnemotécnica.

3 - EL DESAFÍO DE LAS REPETICIONES ESPACIADAS:
Supera la Curva del Olvido

¿Sientes que tu cerebro es una bandeja de entrada desbordante de hechos y cifras, constantemente al borde de la sobrecarga de información?

¡No entres en pánico! Te presentamos el Desafío de la Repetición Espaciada, tu pasaporte lúdico hacia el dominio de la memoria a largo plazo.

Deshazte de los libros de texto polvorientos y las interminables sesiones de estudio intensivo; este viaje desvela los secretos de recordar sin esfuerzo utilizando el superpoder de la repetición espaciada.

Potencia tu Memoria

Elige tu Búsqueda:

¡Elige tu veneno! Ya sea un nuevo idioma que esté ansioso por ser hablado, fechas históricas que anhelen ser recordadas o incluso conceptos científicos complejos que anhelen comprensión, este desafío da la bienvenida a todas las materias.

Cuanto más ambicioso, ¡más dulce será la victoria!

Prepárate para la Excursión de la Memoria:

Olvídate de pergaminos encantados y pociones mágicas; todo lo que necesitas es una aplicación fácil de usar o tarjetas de memoria confiables (¡uníos, maestros de la memoria caseros!).

Recuerda, la clave es crear un horario con intervalos gradualmente crecientes entre las revisiones de la información.

Piensa en ello como riegos estratégicamente espaciados para tu jardín del conocimiento.

Emprende la Travesía de la Memoria:

Ingresa tu tema elegido en tu aplicación o refugio de tarjetas de memoria.

Ahora, comienza el viaje de revisión.

Cada encuentro es una mini-búsqueda: responde una pregunta, completa una prueba o simplemente convoca la información desde lo más profundo de tu cerebro.

Tu aplicación o calendario te guiará sobre cuándo volver a visitar cada tema, asegurando que los intervalos se amplíen a medida que tus músculos de la memoria se fortalecen.

Juega, Sube de Nivel, ¡Recuerda!

La repetición espaciada no se trata solo de hechos polvorientos; se trata de gamificar tu viaje de aprendizaje. Convierte cada sesión de revisión en un mini-desafío, una búsqueda para conquistar tu propio olvido. Gana puntos, desbloquea nuevos niveles y celebra tu progreso en el camino. Recuerda, cuanto más te involucres, más profundamente la información se arraiga en tu cerebro, lista para ser desenterrada siempre que la necesites.

Contempla la Magia de la Memoria:

A medida que perseveras con el Desafío de la Repetición Espaciada, se desenvuelve una transformación notable.

La información que una vez parecía esquiva se convertirá en algo natural. Recordarás datos con la facilidad de cantar tu canción favorita, navegarás por conceptos complejos con la confianza de un explorador experimentado y verás cómo tu conocimiento florece como un jardín cuidado con esmero.

Desbloquea un Cofre de Tesoros de Beneficios:

Este enfoque lúdico no es solo divertido; es una puerta de entrada al dominio de la memoria:

- **Recuerdo sin Esfuerzo:** Las revisiones estratégicamente espaciadas consolidan la información en tu memoria a largo plazo, haciendo que la recuperación sea una experiencia suave y sin problemas.

- **Aprendizaje Mejorado:** La naturaleza gamificada te mantiene motivado y comprometido, transformando el aprendizaje de una tarea en una aventura gratificante.

- **Confianza Reforzada:** Presenciar cómo mejora tu memoria construye confianza, dándote el poder de enfrentar cualquier desafío de aprendizaje con una sonrisa.

Entonces, ¿estás listo para embarcarte en una búsqueda para dominar la memoria? Toma tu herramienta elegida, elige tu tema y sumérgete de lleno en el Desafío de la Repetición Espaciada.

Recuerda, esto no se trata solo de almacenar información; se trata de liberar el increíble potencial de tu propia mente.

Así que, eleva tu memoria, conquista el olvido y observa cómo florece tu conocimiento.

4 - CONEXIÓN CREATIVA:
Desata al Tejedor de Redes Interior

¿Alguna vez has sentido que los hechos revolotean en tu cerebro como mariposas con cafeína, negándose a posarse el tiempo suficiente para que los recuerdes?

Presentamos el Desafío de la Conexión Creativa, tu pasaporte lúdico para transformar la información fugaz en una intrincada red de memoria duradera.

Tejer una Red de Conocimiento

Elige tu Hilo:

Selecciona cualquier dato de conocimiento que desees anclar en tu cerebro.

Un evento histórico que ansíes recordar, un concepto científico que anhela ser comprendido, una fórmula compleja que pide a gritos ser dominada o incluso una frase en otro idioma susurrando en la punta de tu lengua: ¡cuanto más desafiante, más dulce será la victoria al tejer la red!

Lanza tu Red Mental:

Sumérgete en la piscina de tu conocimiento existente.

- ¿Hay algún eco histórico local que resuene con el evento que has elegido?

- ¿Puedes imaginar el concepto científico desarrollándose en una escena divertida de película, con sus principios bailando en la pantalla?

- ¿O tal vez te ves a ti mismo tejiendo la frase extranjera en una ingeniosa charla con un amigo, haciéndolos reír asombrados?

Teje la Tela de la Memoria:

¡Ahora comienza la magia!

Toma tu telar metafórico y deja volar tu imaginación.

Toma tu nueva información y entrelázala con el tejido existente de tu conocimiento.

Imagina el evento histórico desplegándose en las calles familiares, el concepto científico transformándose en una escena vibrante de película, la frase extranjera convirtiéndose en tu arma secreta en un amistoso duelo verbal.

Cuanto más vínculos vívidos y específicos crees, más fuertes serán los hilos que sostienen tu memoria en su lugar.

Explora la Red Interconectada:

¡Pero espera, hay más!

¡No te detengas en un solo vínculo!

Deja que tu mente divague, explora las numerosas ramas del conocimiento que tu nueva información toca.

- ¿Puedes conectar el evento histórico con la melodía de una canción que amas?

- ¿El concepto científico enciende una chispa de inspiración para la escritura creativa?

Cuantas más conexiones forjes, más rica y resistente se volverá tu tela de memoria.

Desbloquear un Cofre de Tesoros de Beneficios:

Este enfoque lúdico para el entrenamiento de la memoria no es solo un truco de fiesta; es una puerta de entrada a superpoderes que impulsan el cerebro:

- **Recuerdo sin Esfuerzo:** Al vincular nueva información a anclajes familiares, creas notas adhesivas personalizadas que facilitan la recuperación. ¡No más tira y afloja mental!

- **Comprensión Profunda:** Tejer una red de conexiones arroja luz sobre las complejidades de la información, revelando sus capas ocultas y fomentando una comprensión más profunda.

- **Creatividad Impulsada:** Explorar conexiones inesperadas estimula la imaginación, transformando el aprendizaje en un patio de recreo de posibilidades. Tu cerebro se convierte en un centro vibrante de saltos creativos y conexiones innovadoras.

5 - EL RITUAL DE EVOCACIÓN ACTIVA:
El Ritual de Evocación Activa

- ¿Alguna vez sientes que tu cerebro está desbordado de información, pero cuando más lo necesitas, desaparece como humo en el viento?

- ¿La memorización mecánica te hace sentir como una mula de carga, cargada con conocimientos a los que no puedes acceder?

Hoy, nos embarcamos en una búsqueda para transformarte en un Poderoso Guerrero de Recuperación, equipado con un arma secreta: El Ritual de Evocación Activa.

Desata al Guerrero de Recuperación

Elige tu Campo de Batalla:

Elige cualquier tema que anhele ser dominado.

- ¿Es un libro cautivador con secretos esperando ser descubiertos?

- ¿Una conferencia fascinante rebosante de conocimiento?

- ¿Una habilidad compleja suplicando ser desbloqueada?

¡El campo de batalla es tuyo para elegir, guerrero!

Forja tus Armas:

¡Deja de ser un espectador pasivo!

Coge tu pluma, abre tu arsenal digital de aplicaciones de toma de notas o reúne tus confiables tarjetas didácticas.

Es hora de participar activamente con la información.

Escribe puntos clave, resume capítulos como un hábil cronista o crea preguntas que atraviesen el velo del olvido y pongan a prueba tu comprensión.

Desafía al Monstruo de la Memoria:

¡Libera al guerrero que llevas dentro!

No leas tus notas como un bardo fatigado repitiendo una vieja historia.

Obliga a tu memoria a recordar detalles, entrelaza conceptos intrincados en tu propio tapiz de comprensión o imagina aplicar el conocimiento a escenarios del mundo real como un estratega astuto.

Cuanto más luches con la información, más fuertes se volverán tus músculos de recordar, listos para flexionarse a tu comando.

Convoca a los Aliados de Recuperación:

No estás solo en esta épica búsqueda.

Comparte tu conocimiento con un compañero aventurero, explica conceptos a un camarada curioso o forma un grupo de estudio para poner a prueba la valía de cada uno.

Verbalizar la información fortalece las vías neuronales como puentes encantados y expone lagunas en tu comprensión como trampas ocultas esperando ser activadas.

Recuerda, enseñar es la herramienta definitiva de aprendizaje, un arma que afila tanto tu propia espada como las de tus aliados.

Esta aproximación interactiva al aprendizaje no es solo un grito de guerra; es una puerta a un tesoro de beneficios:

- **Recuerdo sin Esfuerzo:** Al lidiar activamente con la información, la solidificas en tu memoria a largo plazo, haciendo que recordar sea tan suave y natural como respirar. ¡No más torpeza mental desesperada!

- **Comprensión Profunda:** El acto de desafiar tu memoria te obliga a involucrarte con la información a un nivel más profundo, desentrañando sus complejidades y forjando conexiones intrincadas como un maestro cartógrafo mapeando territorio inexplorado.

- **Confianza Impulsada:** Presenciar cómo tu memoria se agudiza como la hoja de un guerrero construye confianza, capacitándote para enfrentar cualquier desafío de aprendizaje con un nuevo coraje y una sonrisa triunfante.

Entonces, ¡deja atrás la persona del burro de carga y abraza al Guerrero de Recuperación que llevas dentro! Elige tu campo de batalla, forja tus armas y desata el Ritual de Recuperación Activa.

Observa cómo tu memoria se transforma de un archivo polvoriento en un arsenal vibrante, listo para servirte en cada giro. Juntos, conquistemos el olvido y reclamemos la victoria del recuerdo sin esfuerzo.

Abraza el espíritu juguetón de estas estrategias. No tengas miedo de experimentar, mezclar y combinar, crear tu propio cóctel de maestría en la memoria.

Cada cerebro es único, y lo que funciona para tu mejor amigo podría ser la clave que abre una puerta diferente en tu mente. Entonces, tinkerea, ajusta y adapta estas técnicas hasta que encajen contigo como un libro favorito muy usado.

Celebra tus victorias, grandes y pequeñas.

Recuerda el momento;

- ¿Recordaste una fórmula compleja sin despeinarte?

- ¿Cuando recitaste fechas históricas sin esfuerzo como un narrador experimentado?

Estos son triunfos, dignos de un puño mental y una alegre danza interna. Reconoce tu progreso, por pequeño que sea, y deja que alimente tu viaje hacia una memoria aún más aguda.

Mira con asombro cómo se transforma tu memoria. De una amiga caprichosa, una burlona bromista que a veces esconde tus llaves y olvida tus citas para almorzar, a una campeona confiable, una aliada leal que permanece siempre vigilante en las puertas de tu conocimiento.

Cada vez que empleas estas prácticas juguetonas, forjas un vínculo más fuerte con tu memoria, construyendo confianza y forjando una asociación que te servirá bien en los años venideros.

Pero el viaje no termina aquí. Este es solo el comienzo de tu búsqueda de por vida para dominar la memoria.

A medida que explores el mundo, encuentres nueva información y enfrentes nuevos desafíos, recuerda el espíritu juguetón, el espíritu de experimentación y el espíritu de celebración.

Porque es a través de estos que desbloquearás el verdadero potencial de tu mente, transformando tu memoria de una mariposa caprichosa en un águila majestuosa y elevándote sin esfuerzo sobre las alas del conocimiento.

Entonces, ¡adelante, explora y juega! Desata al maestro de la memoria que llevas dentro y observa cómo tu mundo florece con un recuerdo vibrante.

CAPÍTULO 7: CARRERA DE DECISIONES:
Construir Confianza y
Superar la Parálisis por Análisis

Bienvenido a la Arena de Toma de Decisiones, donde la rapidez y la intuición vencen a la vacilación y la duda. En este capítulo, nos embarcamos en una misión estratégica: conquistar el temido Análisis Parálisis, ese enemigo insidioso que nos atrapa en laberintos de "¿y si?" y "tal vez". No temas, porque te equiparemos con un arsenal táctico para superar el pensamiento excesivo y transformar la toma de decisiones en un triunfo de confianza.

Antes de entrar en acción, debemos entender a nuestro adversario. El Análisis Parálisis prospera con la procrastinación, susurrando "investiga más" cuando la intuición grita "actúa ahora". Desfila opciones interminables como espejismos seductores, oscureciendo el camino hacia adelante. Amplifica las ansiedades, ahogando la voz del coraje. Pero recuerda, este enemigo es una ilusión formidable, su poder alimentado por nuestro propio miedo.

Cada decisión conquistada fortalece tu músculo de confianza. Abraza la Arena de Toma de Decisiones, confía en tu intuición y celebra cada elección, grande o pequeña. Pronto, navegarás por las encrucijadas de la vida con la gracia de un estratega y la confianza de un campeón, dejando al Análisis Parálisis derrotado a tu paso.

¡Ahora, por las herramientas de la victoria!

¿Listo? ¿Listos? ¡Elige!

1 - EL JUEGO DEL "CHEQUEO INTUITIVO":
Libera al Vidente Interior

- ¿Perdido en el laberinto del análisis?

- ¿Ahogándote en un mar de "y si"?

Hay una brújula oculta dentro de ti, un vidente susurrante esperando guiarte a través de los bosques enredados de la toma de decisiones.

Bienvenido al Juego del "Chequeo Intuitivo", una práctica lúdica que desbloquea el poder de tu intuición y te transforma de un detective impulsado por datos en un capitán seguro de tu propio destino.

Sigue a tu Intuición

Silencia al Parlante Incesante:

Antes de que la cacofonía del análisis ahogue tu sabiduría interna, encuentra un refugio tranquilo.

Respira profundamente, dejando que los pensamientos se asienten como motas de polvo en un rayo de sol.

Acepta la quietud, preparando tu mente para recibir los susurros sutiles de tu instinto.

Enmarca la Encrucijada:

Define la decisión en cuestión.

Ya sea navegar una elección profesional, una dinámica complicada en una relación o simplemente elegir qué cenar, la claridad de enfoque agudiza tu brújula interna.

Sumérgete en el Estanque de Sensaciones:

Cierra los ojos y sumérgete en el escenario.

Ignora a las sirenas analíticas, los argumentos lógicos. En cambio, siente las corrientes sutiles en tu cuerpo, los susurros de anticipación o malestar.

- ¿Hay ligereza en tu pecho?

- ¿Un apretón en tu estómago?

Confía en estas pistas delicadas, estos susurros fugaces de tu vidente interior.

Sigue el Rumbo de las Sensaciones:

Recuerda, tu instinto no es un dictador, sino un navegante gentil.

Escucha la calidad de la sensación.

- ¿Es cálida y expansiva, impulsándote hacia adelante?

- ¿O está contraída y vacilante, tirando de ti hacia atrás?

Utiliza esta información como un impulso, no un mapa, permitiendo que te guíe hacia el camino que resuene más profundamente.

Integra con Conciencia:

Tu instinto es una voz en la orquesta de la toma de decisiones.

Entrelaza sus susurros con los hilos de la razón, la lógica y la información recopilada.

El Juego del "Chequeo Intuitivo" trata sobre encontrar armonía, no silenciar a los demás instrumentos.

Esta práctica lúdica no se trata solo de tomar decisiones; se trata de liberar al vidente interior. Al confiar en tu instinto, navegas por la vida con una confianza mejorada, menos estrés y un toque de chispa creativa.

Entonces, desecha las dudas, abraza los susurros y embarcate en tu propia aventura de "Chequeo Intuitivo". Observa cómo tu intuición florece, guiándote hacia decisiones que resuenan con tu alma e iluminan el camino por delante.

Recuerda, el Juego del "Chequeo Intuitivo" es un viaje, no un destino. Abraza el espíritu juguetón, confía en los susurros y observa cómo tu vidente interior te guía hacia una vida guiada por la autenticidad y fortalecida por la intuición.

Implementación en tu Rutina

Comienza pequeño: Practica "chequeos intuitivos" en decisiones cotidianas, como elegir qué ponerte o qué ruta tomar a casa. A medida que tu confianza crece, aborda decisiones más grandes.

Diario: Después de un chequeo intuitivo, anota tu experiencia. ¿Qué sentiste? ¿Se alineó con tu decisión final? Registra tus éxitos para ver el poder de tu intuición desplegarse.

Comparte y discute: Habla sobre tus "chequeos intuitivos" con amigos o familiares de confianza. Compartir fortalece tu comprensión y construye una comunidad de exploradores intuitivos.

¿Estás listo para liberar al vidente que hay en ti?

---

2 - EL TRUCO DEL VIAJE EN EL TIEMPO:
Retrocede el Futuro

- ¿Atrapado en un vórtice de decisiones?

- ¿Sintiéndote abrumado por el peso del "y si"?

Ingresa al "Marco de la Lente del Futuro", una herramienta poderosa que trasciende las limitaciones del presente y te otorga una visión del impacto a largo plazo de tu decisión.

Prepárate para embarcarte en un viaje mental a través del tiempo, un viaje que iluminará el camino hacia la claridad, la confianza y elecciones impactantes.

El Futuro es tuyo

Define el Encrucijada:

Identifica la decisión que gira en tu mente.

Ya sea navegando un cambio de carrera, aventurándote en un movimiento estratégico de negocios o resolviendo una dinámica de relación compleja, señala el punto de inflexión que requiere previsión.

Activa la Lente del Futuro:

Cierra los ojos y pone en marcha el motor de viaje en el tiempo de tu mente.

Elige un marco de tiempo, ya sea un trimestre, un año o incluso cinco años en el futuro.

Visualízate inmerso en ese futuro, con las consecuencias de tu decisión presente completamente desplegadas.

Ecolocación Emocional:

Desde tu punto de vista futuro, escanea tu paisaje emocional.

- ¿Te bañas en el resplandor de la satisfacción, confirmando tu curso actual?

- ¿O resuena un pinchazo de arrepentimiento a través de tu realidad imaginada, insinuando una oportunidad perdida?

Permite que estas emociones guíen tu introspección.

Abraza los Susurros del Futuro:

Recuerda, esta visión futura no es un guion predestinado, sino una posibilidad susurrante.

Úsala como una brújula, no como un mapa.

Deja que la resonancia emocional informe tu elección presente, pero mantén el poder de dar forma a tu propio destino, independientemente de los ecos vislumbrados.

Navega con la Mente en el Futuro:

Regresa al presente, fortalecido por las ideas obtenidas de tu viaje futuro.

Reevalúa tus opciones, esta vez con los susurros de tu yo futuro resonando en tu mente.

Elige el camino que se alinee con tus aspiraciones a largo plazo, el camino que resuene con la persona en la que aspiras convertirte.

Este "Marco de la Lente del Futuro" no es simplemente una herramienta para la toma de decisiones; es un portal hacia una mayor autoconciencia y acción estratégica. Al observar los posibles resultados de tus elecciones, obtienes claridad sobre tus prioridades y valores, reduces las acciones impulsivas y aumentas tu confianza con un sentido de propósito y dirección.

Así que desbloquea el potencial de viaje en el tiempo de tu mente, activa el "Marco de la Lente del Futuro" y observa cómo se despliega tu camino con claridad, propósito y el apoyo inquebrantable de tu yo futuro.

Recuerda, el "Marco de la Lente del Futuro" es un viaje de autodescubrimiento de por vida. Abraza la visión, confía en los susurros y observa cómo tus elecciones presentes allanan el camino para un futuro lleno de satisfacción y acción con propósito.

Integración en tu Rutina

Comienza Pequeño: Aplica el marco a decisiones cotidianas, como priorizar tareas, programar reuniones o elegir proyectos a seguir. A medida que ganas confianza, abórdalas situaciones más complejas.

Journaling para la Claridad: Después de usar el marco, registra tu experiencia en un diario. ¿Qué sentiste en tu visión del futuro? ¿Cómo influyó en tu decisión presente? Llevar un diario fomenta la autoconciencia y fortalece tu intuición futura.

Comparte y Discute: Habla abiertamente sobre tus experiencias con la "lente del futuro" con colegas o mentores de confianza. Compartir ideas y perspectivas fortalece la comunidad de tomadores de decisiones conscientes y amplía tu comprensión de esta herramienta poderosa.

¿Estás listo para activar tu tiempo?

---

3 - LA FIESTA DE PROS Y CONTRAS:
Libera al Bufón Interior

- ¿Te sientes abrumado por una decisión importante?

- ¿Te ahogas en un mar de hojas de cálculo serias y gráficos lógicos que te aplastan el alma?

Hoy, dejamos de lado lo aburrido y abrazamos lo encantador con la "Carnaval de Consecuencias", una fiesta para tomar decisiones tan vibrante, tan juguetona, que te hará reír hasta encontrar la claridad.

Divide y Vencerás

Convoca a la Corte de Excentricidades:

Reúne a tus compañeros más cercanos, aquellos cuyas risas resuenan como una sinfonía de alegría.

¡Cuanto más extravagantes, mejor!

Invita al maestro de la guitarra invisible, al Shakespeare del karaoke, al amigo que puede convertir listas de compras en sagas épicas.

Esto es una celebración de la absurdidad, donde las imaginaciones se desatan y la tontería reina supremamente.

Divide y Vencerás (con Fantasía):

Divide tu alegre banda en dos facciones:

¡Equipo "Sí!" y Equipo "No!"

¡Pero aquí está el giro!

¡No expresarán simplemente sus opiniones; se convertirán en encarnaciones vivientes de la elección!

Desata la Avalancha de Absurdos:

¡Deja que la creatividad estalle como una tormenta de confeti!

El Equipo "Sí!" podría deleitarte con una balada de yodel sobre las bendiciones de irse temprano a la cama, mientras que el Equipo "No!" zapatea a través de una pesadilla de atasco de tráfico, completa con bocinas estridentes y noodles de piscina agitándose.

Adopta disfraces, accesorios y florituras dramáticas; ningún argumento es demasiado extravagante, ningún juego de palabras demasiado ingenioso.

Verdades Ocultas Reveladas en la Risa:

A medida que se desarrolla la absurdidad, sucede la magia.

Los argumentos exagerados iluminan rincones ocultos de la decisión.

Podrías descubrir que sacrificar las noches tempranas por el avance profesional se siente como bailar sobre el sol, o que el caótico baile del atasco de tráfico revela un anhelo por un camino más sencillo.

Elige con una Sonrisa:

Una vez que el último floreo desaparezca y la risa se calme, tómate un momento para la reflexión tranquila.

La decisión podría no estar cristalina, pero te sentirás más ligero, empoderado y listo para avanzar con una mirada juguetona en tus ojos y una sabiduría recién adquirida a través de la risa.

El "Carnaval de las Consecuencias" es más que una herramienta para tomar decisiones; es un patio de recreo para el autodescubrimiento y la exploración alegre.

Al abrazar la absurdidad, nos conectamos con verdades ocultas, nos deshacemos de las cadenas de la seriedad y descubrimos que nuestras elecciones más sabias pueden nacer de las risas más exuberantes.

Así que, reúne a tu tribu, libera a tu bufón interior y deja que el Carnaval de las Consecuencias te guíe hacia un futuro pavimentado con sabiduría juguetona y decisiones gozosas.

Recuerda, el "Carnaval de las Consecuencias" es una aventura de exploración juguetona que dura toda la vida. Abraza la tontería, confía en la risa y observa cómo tus decisiones florecen en un tapiz vibrante de alegría y sabiduría.

Implementación en tu Rutina

Comienza Pequeño: Aplica el Carnaval a decisiones cotidianas, como elegir el género de película para la noche familiar o decidir qué cocinar para la cena. A medida que tu confianza crezca, aborda dilemas más grandes.

Captura la Absurdidad: Después del Carnaval, lleva un diario de tu experiencia. ¿Qué surgió de las risas? ¿Cómo influyó en tu elección final? Registrar tu viaje refuerza la autoconciencia y mantiene viva la esencia juguetona.

Comparte las Risas: Comparte tu experiencia del Carnaval con amigos y familiares. No solo difundirás la alegría, sino que también crearás una comunidad de tomadores de decisiones juguetones, fortaleciendo el poder de la risa para iluminar las elecciones de la vida.

**Entonces, ¡toma tu sombrero de fiesta
y a tu amigo más divertido,
y organiza la fiesta definitiva de Pros y Contras!**

---

4 - EL DESAFÍO DEL "ARREPENTIMIENTO REVERTIDO":
Cambiar la Perspectiva

¿Atrapado en el purgatorio de la toma de decisiones, perseguido por el espectro de "¿y si?"

Estamos a punto de embarcarnos en un vals caprichoso con la incertidumbre, una práctica lúdica conocida como el "Giro de Pronóstico Futuro."

Este viaje transformador trasciende las limitaciones del presente, desvelando un paisaje de resultados potenciales e iluminando el camino hacia elecciones que resuenan con tus deseos más profundos.

Asumiendo la Perspectiva

Desvelando la Encrucijada:

El primer paso es identificar la decisión que te tiene prisionero.

Ya sea escalar el Everest de tus aspiraciones profesionales, abrazar una oportunidad emocionante o confesar tus sentimientos a una persona querida, las apuestas pueden ser altas, pero también lo son las recompensas potenciales.

Deja que la anticipación hierva mientras señalas este momento crucial en tu viaje.

Convocando a los Visionarios del Futuro:

Cierra los ojos y sumérgete en un futuro bañado en claridad.

Esta vez, en lugar de un camino singular, el paisaje se bifurca, ofreciendo dos horizontes distintos.

Un camino llama con la emoción de la acción, mientras que el otro susurra la comodidad de lo familiar.

En este espacio surrealista, te conviertes en el protagonista de dos narrativas paralelas, preparado para experimentar las posibles consecuencias de cada elección.

Abrazando la Danza de los "¿Y si?":

Ahora, deja que los "¿y si?" tomen vuelo en cada camino. En el camino de "acción", siente la oleada de adrenalina al imaginar triunfos potenciales.

- ¿Te ves disfrutando del resplandor del éxito, elevándote sobre las alas de una decisión audaz?

Pero no te apartes de las sombras acechando en la periferia; reconoce los posibles tropiezos, los obstáculos en el camino que pueden venir con dar el salto.

En el camino de "inacción", adéntrate en las profundidades de una vida no vivida.

- ¿Te aprieta un dolor hueco el corazón al presenciar oportunidades perdidas, sueños dejados durmiendo?

Deja que estos ecos emocionales sean tu guía, susurrando cuentos de satisfacción y arrepentimiento en igual medida.

Sintonizando los Susurros de Tus Futuros Yo:

En cada futuro, sintoniza las corrientes emocionales que van y vienen.

- ¿El camino de "acción" enciende un fuego en tu alma, incluso si está teñido de incertidumbre?

- ¿O el camino de "inacción" zumba con un zumbido hueco, un recordatorio claro de potencial no cumplido?

Estos susurros emocionales son las voces de tus futuros yo, faros que te guían a través del laberinto de posibilidades.

Escucha atentamente, porque su sabiduría tiene la clave para desbloquear el camino que realmente resuena con tus deseos más profundos.

Emergiendo con Claridad y Confianza:

Regresa al presente, empoderado por la sabiduría obtenida de tus futuros yo.

La decisión puede no estar grabada en cristal, pero estará bañada en una nueva luz, revelando lo que realmente importa en el tapiz de tu viaje.

Elige el camino que se alinee con tus valores fundamentales, el camino cuyo arrepentimiento potencial puedas soportar con menos carga.

Recuerda, no se trata de buscar certeza; se trata de comprender las posibles consecuencias y elegir el camino que se alinee con tu yo auténtico.

Más Allá del Momento Presente:

El "Future Forecast Flip" es más que una herramienta ocasional para la toma de decisiones; es un viaje transformador de autodescubrimiento.

Al aprovechar el poder de las posibilidades futuras, nos liberamos de las cadenas del miedo, iluminamos nuestras prioridades y abrazamos elecciones que resuenan con nuestros deseos más profundos.

Así que, desecha la vacilación, abraza los "¿y si?" y permite que el "Future Forecast Flip" te guíe hacia un futuro rebosante de claridad, confianza y elecciones que entonen con tu alma.

Recuerda, el "Future Forecast Flip" es un viaje de autodescubrimiento de por vida. Abraza los "¿y si?", confía en los susurros de tus futuros yo y observa cómo tus elecciones se desarrollan como capítulos en una historia que escribes con claridad, confianza y un corazón rebosante de posibilidades alegres.

Embárcate en el Viaje

Comienza Pequeño: Aplica el "Flip" a decisiones cotidianas, como elegir una actividad para el fin de semana o seleccionar un destino de viaje. A medida que ganas confianza, aventúrate en decisiones más significativas.

Registra el Viaje: Después de tu "Flip", captura tu experiencia en un diario. ¿Qué te sorprendió acerca de tus futuros yo? ¿Cómo influyeron sus susurros en tu elección final? Registrar tu viaje fortalece la autoconciencia y mantiene viva la perspectiva centrada en el futuro.

Comparte la Sabiduría: Comparte el poder del "Flip" con amigos y colegas. Compartir tus experiencias no solo fortalece la comunidad de tomadores de decisiones conscientes, sino que también te permite obtener nuevas perspectivas sobre tu propio viaje.

**Entonces,
¿estás listo para cambiar el guion
del arrepentimiento?**

---

5 - EL RITUAL DE LA "REGLA DEL 80/20":
Abandona las Dudas,
Acepta lo Suficientemente Bueno

- ¿Atrapado en el laberinto de la toma de decisiones, anhelando el elusivo camino perfecto?

Estamos a punto de desprendernos de las cadenas del perfeccionismo y emprender un viaje liberador con la Brújula de Elección 80/20, una práctica lúdica que te capacita para abrazar lo "suficientemente bueno" y navegar por el laberinto de la vida con rapidez y confianza.

La Brújula de Elección 80/20

Desenmascarando el Mito de la Perfección:

Seamos sinceros: la elección perfecta es un espejismo brillante, siempre presente pero perpetuamente fuera de alcance.

Cada decisión susurra la incertidumbre inherente de la vida, y perseguir el horizonte siempre cambiante del 100% a menudo es una receta para la estancamiento.

Dibujando la Brújula 80/20:

Tiene dos zonas: el santuario interior, la Zona del 80% "Suficientemente Bueno", y la periferia, la tentadora pero a menudo impráctica Zona del 20% Perfeccionista.

Este santuario del 80% palpita con opciones que satisfacen tus necesidades y valores fundamentales en un grado satisfactorio, mientras que la periferia del 20% seduce con la llamativa canción de la perfección absoluta, una melodía tentadora pero a menudo llena de costos ocultos.

Explorando el Santuario del "Suficientemente Bueno":

¡Sumérgete en el corazón del santuario del 80%!

Identifica, considera y explora las diversas posibilidades que florecen dentro de este terreno fértil.

Evalúa sus pros y contras con un ojo discerniente, pero recuerda, no estás buscando el unicornio mítico; estás buscando un corcel digno que te lleve hacia adelante en tu viaje.

Reconociendo la Sirena Perfeccionista:

Mientras atraviesas el santuario del 80%, los seductores susurros de la Zona del 20% Perfeccionista podrían intentar atraerte.

Tómate un momento para apreciar sus melodías seductoras, reconocer su llamada tentadora, pero no dejes que te desvíe del curso.

Recuérdarte a ti mismo que el extra 20% a menudo tiene un alto precio: tiempo, energía y, potencialmente, oportunidades perdidas que la vida ofrece mientras esperas en vano al unicornio inalcanzable.

¡Elige, Avanza y Celebra!:

Una vez que hayas identificado una elección dentro del santuario del 80% que resuene con tu alma, toma tu decisión con confianza y convicción inquebrantables.

Recuerda, la elección perfecta es un espejismo; tu acción, tu movimiento hacia adelante, es donde reside la verdadera magia.

Desplegando los Beneficios:

La Brújula de Elección 80/20 es más que una herramienta para tomar decisiones; es un cambio transformador en la mentalidad.

Al abrazar lo "suficientemente bueno", te liberas de la trampa del análisis paralizante, impulsas tu confianza y desbloqueas la puerta hacia un progreso concreto.

Entonces, deshazte de las cadenas del perfeccionismo, abraza la guía de la brújula y observa cómo tus decisiones te conducen hacia viajes satisfactorios y acciones impactantes.

Recuerda: La Brújula de Elección 80/20 es un viaje de autodescubrimiento de toda la vida.

Acepta lo "suficientemente bueno", confía en tu intuición y observa cómo tus elecciones se despliegan como capítulos en una historia que escribes con claridad, confianza y un corazón rebosante de la alegría del progreso.

Integrándolo en tu Rutina

Comienza Pequeño: Aplica la brújula a decisiones cotidianas, como seleccionar opciones para la cena o planificar actividades de fin de semana. A medida que construyes confianza, abórdalo en escenarios más complejos, como trayectorias profesionales o hitos personales.

Registra tus Viajes: Después de usar la brújula, captura tu experiencia en un diario. ¿Qué te sorprendió acerca de las opciones dentro de la zona del 80%? ¿Cómo influenció la adopción de lo "suficientemente bueno" en tu decisión? Llevar un registro fortalece tu autoconciencia y refuerza el poder de la acción.

Comparte la Sabiduría: Difunde el poder de la Brújula de Elección 80/20 con amigos y colegas. Compartir tus experiencias no solo fortalece la comunidad de tomadores de decisiones conscientes, sino que también te permite obtener nuevas perspectivas sobre tu propio viaje.

Así que deshazte del manto del perfeccionismo y abraza el Ritual de Decisión 80/20.

Aléjate de la parálisis por análisis y adéntrate en el reino de la toma de decisiones empoderada. Con práctica dedicada y un toque de optimismo estratégico, puedes transformar la deliberación vacilante en acción confiada.

Imagina navegar por las vueltas y revueltas de la vida como un capitán experimentado, trazando tu curso con claridad y convicción. Esta transformación no requiere hazañas sobrehumanas, solo la disposición a experimentar, una buena dosis de autoconciencia y el coraje de abrazar lo "suficientemente bueno".

Recuerda, el perfeccionismo es una sirena seductora, pero su canción a menudo conduce a la estancación. En cambio, concéntrate en tomar decisiones informadas dentro de un marco de tiempo razonable.

Celebra cada paso adelante, aprende de los errores y perfecciona tu brújula de toma de decisiones con cada experiencia. Pronto te encontrarás no solo reaccionando a las vueltas y revueltas de la vida, sino dando forma activamente a tu propio camino.

Cada decisión audaz, cada paso confiado, añade una pincelada a la obra maestra de tu vida.

Entonces, desecha la vacilación, abraza el espíritu de la exploración y embarcarte en tu viaje como un maestro tomador de decisiones.

CAPÍTULO 8: PATIO DE PLANIFICACIÓN:
Estrategizando tu Éxito con Técnicas Divertidas de Gestión del Tiempo

La vida es una sinfonía de compromisos, responsabilidades y aspiraciones. Malabarismos con todos ellos pueden sentirse como dirigir una orquesta caótica, con plazos y deseos compitiendo por tu atención.

Pero al igual que un maestro virtuoso, puedes aprender a orquestar tu tiempo con destreza lúdica, transformándolo de una fuente de estrés en una herramienta para el crecimiento personal y la realización.

Bienvenido al Capítulo 8: Patio de Juegos de Planificación, tu guía interactiva para técnicas de gestión del tiempo lúdicas.

Aquí, dejaremos de lado los horarios rígidos y las listas de tareas polvorientas, y las reemplazaremos con un vibrante conjunto de estrategias que hacen que la planificación no solo sea productiva, sino también divertida.

Entonces, toma a tu niño interior, libera tu creatividad y prepárate para reclamar tu tiempo con una sonrisa.

**En las páginas siguientes, compartiremos
¡5 Ejercicios para la Gestión Lúdica del Tiempo!**

---

1 - SAFARI DEL TIEMPO:
Libera al Explorador Interior

Deshazte de la monotonía, ¡domina lo mundano!

- ¿Es tu agenda una marcha monótona a través del calendario, un yermo de tareas pendientes y plazos?

Hoy, nos embarcaremos en un viaje transformador, un Safari del Tiempo donde tu día se convierte en una selva vibrante de posibilidades, cada tarea un tesoro oculto esperando ser descubierto.

No más planificadores polvorientos ni listas que generan culpa. Esto es una aventura salvaje donde la productividad y la diversión se encuentran, y tú eres el intrépido explorador que lidera el camino.

Embarcate en un Safari del Tiempo

Trazando tu Ruta:

Toma tu mapa (¡ese es tu confiable planificador o calendario!).

Imagina el día por delante como una selva inexplorada, rebosante de emocionantes oportunidades, citas e incluso esas aspiraciones largamente descuidadas que susurran en el fondo de tu mente.

Dibuja tu "safari" trazando tus pendientes, citas e incluso esas búsquedas juguetonas que has estado anhelando explorar.

Deja que tu horario se convierta en un lienzo de posibilidades, rebosante de la promesa de descubrimiento y aventura.

Codificando en Colores los Tesoros:

¡Prioriza tus tareas!

Imagina colores vibrantes como tus guías a través de la selva, llevándote primero a los descubrimientos más valiosos.

Resalta los plazos urgentes con un rojo ardiente, las tareas esenciales con un verde constante y esas búsquedas juguetonas que has estado posponiendo con un naranja besado por el sol.

Deja que el color se convierta en tu lenguaje, susurrando el ritmo de tu día y guiándote hacia las acciones más impactantes.

Preparándote para la Aventura:

¡Equípate para el éxito!

Reúne tus herramientas para cada tarea, desde tus materiales de estudio favoritos hasta los recursos necesarios para tus quehaceres.

Pero no olvides la herramienta más crucial de todas: ¡un espíritu juguetón! Recuerda, una actitud positiva es tu brújula en esta jungla del tiempo.

Una buena dosis de curiosidad y un toque de emoción serán tus luces guías, iluminando el camino por delante y alimentando tu exploración.

Rastreando los Trofeos:

¡CELEBRA TUS VICTORIAS!

A medida que conquistas cada tarea, márcala en tu mapa con un gesto llamativo, un marcado triunfal de tu progreso. Date un pequeño premio: un breve descanso, un delicioso refrigerio, un baile rápido; cualquier cosa que despierte alegría y alimente tu motivación.

Deja que cada tarea completada sea un trofeo exhibido en tu museo mental, un testimonio de tu perseverancia y un recordatorio de los tesoros que has descubierto.

Refinando tu Expedición:

Al final de tu día, vuelve a tu mapa.

Observa patrones, analiza tus niveles de energía y ajusta tu enfoque para futuros safaris.

Recuerda, la jungla del tiempo está siempre evolucionando, y aprender de tu viaje es clave para navegarla con maestría.

Utiliza tus reflexiones para perfeccionar tu enfoque, convirtiéndote en un explorador experimentado en el reino de la gestión del tiempo.

Más que solo Tareas:

El Safari del Tiempo no se trata solo de marcar casillas; se trata de recuperar tu tiempo con un sentido de aventura y propiedad. Se trata de transformar tu día en un patio de juegos de productividad, donde cada desafío conquistado se convierte en un tesoro, cada tarea completada en un trofeo exhibido en el vibrante tapiz de tu viaje.

Así que ponte tu sombrero de explorador, abraza el espíritu juguetón y embarcarte en tu aventura diaria. Recuerda, la selva de posibilidades te espera, y con cada tesoro descubierto, pavimentas el camino hacia un día más satisfactorio, vibrante y productivo.

Recuerda, el Safari del Tiempo es una exploración de por vida de la gestión del tiempo. Acepta el espíritu juguetón, confía en los instintos de tu explorador y observa cómo tus días se despliegan como capítulos en una emocionante historia de aventuras, donde la productividad y la alegría van de la mano, transformando lo mundano en un vibrante tapiz de posibilidades.

Implementando el Safari

Comienza Pequeño: Empieza aplicando el Safari del Tiempo a pequeños tramos de tu día, como una rutina matutina o una sesión de estudio. A medida que construyes confianza, extiende el safari para abarcar todo tu día, transformando lentamente tu horario completo en un patio de juegos de posibilidades.

Registra tu Viaje: Después de cada Safari del Tiempo, anota tus experiencias en un diario. ¿Qué te sorprendió sobre la selva del tiempo? ¿Qué tesoros ocultos descubriste? ¿Qué ajustes harás para tu próxima aventura? Mantener un registro fortalece tu autoconciencia y perfecciona tus habilidades de gestión del tiempo.

Comparte la Aventura: Comparte la alegría del Safari del Tiempo con amigos y colegas. Comparte tus experiencias, habla sobre tus descubrimientos y anima a otros a embarcarse en sus propias aventuras diarias. Compartir no solo fortalece la comunidad de individuos conscientes del tiempo, sino que también te permite obtener nuevas perspectivas sobre tu propio viaje.

¡Feliz exploración!

2 - EL TEATRO POMODORO
Juega Tu Camino hacia la Productividad

- ¿La simple mención de "productividad" es menos un grito de victoria y más un preludio al botón de repetición de la alarma?

- ¿Siente que esa fecha de entrega inminente es menos un desafío y más una cortina pesada que bloquea tu luz solar?

Hoy, no solo estamos abordando tareas; estamos transformando tu jornada laboral en un Teatro Pomodoro, donde la concentración se convierte en tu foco, y las fechas límite son tu público aplaudiendo.

Deshazte de la olla a presión que induce estrés y agarra tu espíritu juguetón, porque en este teatro del tiempo, la productividad es una actuación y tú eres la estrella.

Paso al Foco

Preparando el Escenario:

Diseña tu campo de batalla perfecto: un escritorio bañado por la luz del sol, un rincón acogedor lleno de inspiración, donde tu concentración florezca.

Elimina el desorden, reúne tus herramientas de confianza (piensa en bolígrafos que cantan en el papel y cuadernos que ruegan ser llenados), y establece el ambiente con una banda sonora que alimente tu fuego.

Recuerda, un entorno positivo es el primer acto de una obra productiva.

Levantando el Telón:

Elige tu acto de apertura: ese informe desalentador, la cadena interminable de correos electrónicos, cualquier cosa que pese en tu mente creativa.

Configura tu confiable Pomodoro, tu foco de 25 minutos, ¡y prepárate para tomar el escenario!

Este es tu momento para brillar, así que silencia las distracciones, desconéctate del parloteo mental y canaliza tu energía en una precisión afilada como un láser.

Cada línea de código, cada frase elaborada, es una pincelada en tu obra maestra.

Enfoca tu Poder:

¡Concéntrate, guerrero!

Sumérgete en la tarea en curso, dejando que tu concentración se convierta en un foco que ilumina tu camino.

El mundo se desvanece, y estás en una danza con la productividad, un tango de acción y logro.

Recuerda, las distracciones son simplemente accesorios rebeldes esperando ser descartados. Elimínalas con tu enfoque inquebrantable, tu voluntad inquebrantable.

¡Aplausos, Aplausos!:

El temporizador suena, ¡la victoria es tuya!

Es hora de un intermedio bien merecido de cinco minutos.

Deja que los aplausos de tu propia satisfacción te envuelvan.

Recompénsate con un gesto juguetón: entona una canción tonta, da vueltas en tu silla, dibuja una obra maestra en una servilleta de repuesto.

Deja que tu creatividad explote, recarga tus baterías y prepárate para el próximo acto.

¡Bis!:

Repite el ciclo, acto tras acto, conquistando cada tarea con ráfagas de energía enfocada y celebrando tus victorias con recompensas juguetonas.

La consistencia es tu directora, guiándote a través del guion de tu día.

Pronto estarás sometiendo plazos con facilidad alegre, y cada tarea completada será una ovación de pie de tu crítico interno.

Más Allá del Teatro Pomodoro:

Recuerda, el Teatro Pomodoro no se trata solo de marcar casillas; se trata de recuperar tu jornada laboral con una explosión de energía juguetona.

Se trata de convertir la productividad en una actuación, donde eres tanto la estrella como el público, animándote con cada desafío conquistado.

Entonces, pisa el escenario, abraza el foco y conquista tus tareas con un gesto llamativo. Recuerda, el gran final, un día productivo y satisfactorio, te espera, y cada acto finalizado te acerca más al llamado a escena.

Recuerda, el Teatro Pomodoro es una actuación de por vida, una obra donde escribes el guion, diriges la acción y, lo más importante, disfrutas de los aplausos.

Entonces, abraza el espíritu juguetón, conquista tus tareas con un gesto llamativo y observa cómo tus días se despliegan como una actuación emocionante, donde la productividad y la alegría van de la mano, transformando lo mundano en una ovación de pie por tu propio éxito.

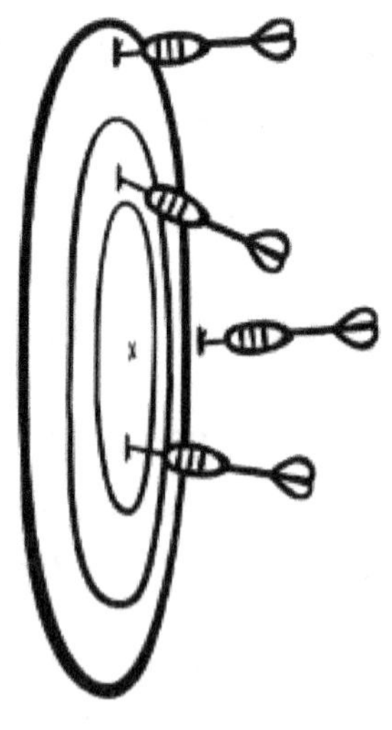

Llevando el Espectáculo de Gira

Comienza Pequeño: Comienza aplicando el Teatro Pomodoro en breves ráfagas de tu día, como una rutina matutina o una sesión de escritura enfocada. A medida que construyes confianza, amplía los actos, transformando tu jornada laboral completa en una actuación vibrante.

Registra tu Actuación: Después de cada representación de Pomodoro, reflexiona sobre tu experiencia en un diario. ¿Qué te sorprendió acerca de tu concentración? ¿Qué tareas requirieron un cambio de vestuario (una técnica diferente)? Mantener un registro fortalece tu autoconciencia y perfecciona tus habilidades de productividad, haciendo que cada día sea una experiencia de aprendizaje.

Comparte el Foco: Disfruta la alegría del Teatro Pomodoro con amigos y colegas. Comparte tus actos favoritos, habla sobre tus recompensas creativas y anima a otros a subir al escenario. Compartir no solo fortalece la comunidad de jugadores productivos, sino que también te permite obtener nuevas perspectivas e ideas, transformando el teatro del tiempo en una obra maestra colaborativa.

**¡Que tus fechas límite tiemblen
ante tu enfoque juguetón!**

---

3 - EL "DIVERTIMENTO-METRO"
Conquistando lo Mundano con el "Divertimento-Metro"

- ¿Solo la mención de "lavandería" provoca un bostezo que podría rivalizar con un oso hibernando?

- ¿Enfrentas tareas que se sienten menos como esfuerzos productivos y más como masticar cartón insípido?

Estamos a punto de transformar esas tareas sin alegría en emocionantes (bueno, más o menos) aventuras con el poderoso "Divertimento-Metro", una herramienta juguetona que inyecta una dosis de alegría desafiante en lo mundano.

Deshazte de los viajes de culpa y los gemidos internos, porque hoy, estamos aprendiendo a bailar con el aburrimiento y a convertir incluso la tarea más aburrida en una mini-aventura.

Libera al Rebelde Juguetón

Evaluar la Apatía:

Antes de sumergirte, toma tu confiable "Divertimento-Metro" - una escala simple que va desde 1 (absolutamente desesperante) hasta 10 (inductor puro de alegría).

Evalúa la tarea en cuestión con honestidad brutal.

- ¿Doblar la ropa es un sólido 2?

- ¿Responder a correos electrónicos interminables es un escalofriante 4?

¡No te desesperes, incluso las puntuaciones más bajas pueden ser redimidas!

Idear el Impulso:

Si tu "Divertimento-Metro" te está dando una línea plana, ¡es hora de aumentar la emoción! Así es cómo cambiar la marea:

El Trabajo en Equipo Hace el Sueño Realidad:

Asóciate con un amigo o miembro de la familia y convierte la tarea en una búsqueda colaborativa.

Imagina abordar la lista de compras como un atrevido asalto al supermercado, o limpiar la cocina como un dúo sincronizado de lavavajillas.

El trabajo en equipo agrega risas, energía y un sentido compartido de logro.

Banda Sonora de Aventura:

Sube el volumen de música animada y baila a través de las pilas de ropa.

Convierte el planchado en una actuación rítmica, o trapea el suelo como si estuvieras protagonizando un video musical.

Deja que el ritmo sea tu guía, transformando el aburrimiento en una prueba de tiempo con ritmo.

Giros en el Viaje en el Tiempo:

Pon un temporizador y compite contra el reloj, transformando lo mundano en un emocionante desafío.

- ¿Puedes clasificar el reciclaje en 5 minutos?

- ¿Conquistar los platos antes de que suene el temporizador?

Estas carreras acotadas por el tiempo añaden una dosis de adrenalina y hacen que incluso las tareas más tediosas se sientan como emocionantes juegos.

Recuerda, ¡la creatividad es tu clave para desbloquear el potencial divertido oculto!

Incentiva la Aventura:

¡Nada alimenta la motivación como una dulce recompensa!

Prométete a ti mismo un delicioso premio por conquistar la temida montaña de correos electrónicos.

Planea una noche de película después de completar la lista de compras.

Vincula tu progreso a algo que realmente disfrutes, convirtiendo la tarea en un peldaño hacia algo encantador.

La anticipación es un motivador poderoso, así que haz que la recompensa valga el esfuerzo.

Celebra las Victorias:

¡No subestimes el poder de las pequeñas victorias!

Cada tarea tachada de tu lista, cada calcetín doblado, cada plato reluciente merece una mini celebración.

Un puño en alto, un baile de celebración, un canto de victoria tonto, lo que te brinde alegría.

Reconoce tu progreso, por pequeño que sea, y recuerda que incluso las tareas más aburridas pueden ser conquistadas con un espíritu juguetón.

Reflexiona y Perfecciona:

Al final de tu día, tómate un momento para reflexionar sobre tu viaje con el "Divertimento-Metro".

- ¿Realmente funcionaron tus ajustes juguetones?

- ¿Descubriste alegrías ocultas en lo mundano?

Utiliza estas ideas para perfeccionar tu enfoque para futuras búsquedas.

Tal vez esa música animada no fue lo tuyo, o quizás una sesión de limpieza en solitario es más tu estilo.

El "Divertimento-Metro" es una herramienta flexible, siempre lista para adaptarse y conquistar la próxima tarea aburrida con un gesto llamativo.

Implementando el Medidor

Comienza Pequeño: Empieza aplicando el "Divertimento-Metro" en breves ráfagas de tu día, como limpiar una habitación o responder a algunos correos electrónicos. A medida que construyes confianza, extiende el medidor para abarcar tu jornada completa, transformando tu rutina en una exploración juguetona.

Registra tu Viaje: Después de usar el "Divertimento-Metro", reflexiona sobre tu experiencia en un diario. ¿Qué te sorprendió acerca de tu capacidad para encontrar alegría en lo mundano? ¿Qué tácticas creativas funcionaron mejor para ti? Mantener un registro fortalece tu autoconciencia y perfecciona tu enfoque juguetón hacia la vida, haciendo de cada día una experiencia de aprendizaje.

Comparte la Diversión: ¡Difunde la alegría del "Divertimento-Metro" con amigos y colegas! Comparte tus tácticas creativas, habla sobre tus victorias más divertidas y anima a otros a liberar al rebelde juguetón dentro de ellos. Compartir no solo fortalece la comunidad de guerreros alegres, sino que también te permite obtener nuevas perspectivas y descubrir ideas frescas para inyectar diversión en lo mundano. Recuerda, la risa y la creatividad son contagiosas, así que deja que tu espíritu juguetón inspire a otros a conquistar sus propias tareas aburridas con un gesto llamativo.

Más Allá de lo Mundano:

Mientras que el "Divertimento-Metro" destaca en transformar las tareas domésticas, sus principios juguetones se pueden aplicar a todos los aspectos de la vida. Úsalo para:

- **Animar tus entrenamientos:** Convierte tu rutina de ejercicio en una fiesta de baile, una sesión de entrenamiento de superhéroes o un juego competitivo contigo mismo.

- **Impulsar tu aprendizaje:** Gamifica tus estudios, establece desafíos juguetones para ti mismo y recompensa tu progreso con algo que disfrutes.

- **Darle chispa a tu vida social:** Planea salidas creativas, inyecta espontaneidad en tus interacciones y abraza las aventuras inesperadas que la vida te presenta.

Recuerda, el "Divertimento-Metro" es un recordatorio de que la vida es un patio de recreo, no una lista de tareas. Abraza el espíritu juguetón, inyecta alegría en lo cotidiano y observa cómo tus días se despliegan como una vibrante tapicería de risas, logros y un toque de sorpresas encantadoras.

Así que, la próxima vez que enfrentes una tarea desalentadora o un día monótono, toma tu "Divertimento-Metro", sube el volumen en tu rebelde juguetón interno y recuerda: incluso los momentos más mundanos pueden transformarse en una aventura impulsada por la creatividad, la alegría y un poco de desafío.

4 - EL TABLERO DE DESAFÍOS SEMANAL
Embárcate en una Aventura con el Tablero de Desafíos Semanal

Deshazte de la tediosa lista de pendientes, del cronograma que aplasta el alma y del monótono planificador. Hoy, estamos a punto de cambiarlos por el Tablero de Desafíos Semanal, un paisaje vibrante donde los objetivos se convierten en misiones épicas, los logros se transforman en celebraciones triunfantes y tu familia o amigos se convierten en una banda de alegres cómplices en una aventura llena de risas que dura toda la semana.

Olvídate de mirar interminables tareas en aislamiento; esto es un viaje compartido, una tela colaborativa tejida con espíritu juguetón y camaradería alegre.

Desata a los Héroes Internos

Crea tu Lienzo Épico:

¡Libera al cartógrafo que llevas dentro!

Agarra un pizarrón blanco, un corcho o incluso una hoja gigante de papel; ¡tu campo de batalla te espera!

Adórnalo con marcadores coloridos, citas inspiradoras o cualquier cosa que despierte la creatividad colectiva.

Este es tu espacio compartido, un festín visual que enciende la emoción y la anticipación para las aventuras por venir.

Enumera las Misiones Legendarias:

Reúne a tus compañeros de aventuras (familia, compañeros de cuarto, amigos) y haz una lluvia de ideas sobre tus objetivos semanales.

Ejercicio, quehaceres, proyectos personales, ¡todo cuenta!

Anótalos en tarjetas coloridas, agregando tiempos estimados y niveles de dificultad juguetonos para darle un toque divertido de competencia.

Recuerda, cuanto más imaginativos, mejor; derrotar al dragón de la colada o conquistar el duende de las tareas añade un toque de fantasía a lo cotidiano.

La Tentación del Botín:

¿Qué alimenta el espíritu de un héroe?

¡Recompensas, por supuesto!

Decide premios divertidos por alcanzar objetivos: noches de películas, noches de juegos, galletas caseras, cualquier cosa que traiga alegría a tu grupo.

Deja que estos tesoros cuelguen como zanahorias en un palo, con la motivación brillando en el horizonte de cada misión completada.

Abraza el Caos Colaborativo:

El Tablero de Desafíos Semanal no es un acto solitario, ¡es una orquesta colaborativa!

Anima a todos a agregar sus propias misiones y desafíos, convirtiendo la semana en una sinfonía de aspiraciones compartidas.

Ayúdense mutuamente, ofrezcan bromas juguetonas (piensa en bromas amistosas, no rugidos de dragón) y celebren victorias juntos: un choca esos cinco después de conquistar la lista de compras o un coro de vítores por finalmente terminar ese proyecto.

Recuerda, el trabajo en equipo hace realidad los sueños y la risa es la banda sonora del éxito.

Las Marcas Triunfantes:

A medida que conquistas tareas durante la semana, reúnete alrededor del tablero y transforma lo mundano en un espectáculo.

No simplemente lo marques como hecho, ¡celébralo!

Haz un baile de la victoria, canta una canción tonta o incluso otorga mini premios por un esfuerzo excepcional.

Deja que las marcas de verificación y cruces sean explosiones de confeti, cada una una prueba de tu heroísmo colectivo.

Recuerda, no se trata solo de marcar casillas, se trata de regodearse en el viaje juntos.

Comparte las Épicas Historias:

Al final de la semana, reúnete alrededor de tu lienzo épico y cambia historias de tus aventuras:

- ¿Quién enfrentó la tarea más desafiante?

- ¿Quién sorprendió a todos con sus talentos ocultos?

- ¿Alguien derrotó a un dragón de la colada particularmente feroz?

Compartir tus historias refuerza la sensación de logro, recordándoles a todos que incluso las victorias más pequeñas merecen ser celebradas.

Deja que la risa llene el aire mientras cuentas tus historias, tejiendo una tela de recuerdos compartidos que los une más como equipo.

Más Allá del Tablero

El Tablero de Desafíos Semanal no se trata solo de marcar casillas; se trata de recuperar tu semana, inyectar una dosis de desafío juguetón en lo mundano y recordarte que incluso las tareas más tediosas pueden convertirse en misiones emocionantes cuando se abordan con un espíritu juguetón y un equipo solidario.

Entonces, toma tus marcadores, reúne a tus camaradas y embarca en una aventura semanal donde las tareas se convierten en triunfos, la risa impulsa tu viaje y lo ordinario se transforma en lo extraordinario.

Recuerda, tú eres los héroes de tu propia historia, y el Tablero de Desafíos Semanal es tu mapa hacia una semana llena de victorias alegres y camaradería juguetona.

Implementando el Tablero

Comienza Pequeño: Comienza aplicando el Tablero de Desafíos a breves períodos de tu día, como conquistar la rutina matutina o abordar un proyecto específico. A medida que ganas confianza, expande el tablero para abarcar toda tu semana, transformando tu rutina en un vibrante patio de juegos de metas compartidas.

Registra tu Viaje: Después de cada semana de aventuras compartidas, reflexiona sobre tu experiencia en un diario. ¿Qué te sorprendió acerca de tu capacidad para encontrar alegría en lo mundano? ¿Qué recompensas creativas funcionaron mejor para tu equipo? Mantener un registro fortalece tu autoconciencia y perfecciona tu enfoque juguetón hacia la vida, haciendo de cada semana una experiencia de aprendizaje.

Comparte el Espíritu: ¡Comparte la alegría del Tablero de Desafíos Semanal con amigos y colegas! Anímales a crear sus propios tableros, discutir recompensas juguetonas y compartir historias de sus victorias semanales. Compartir no solo fortalece la comunidad de guerreros juguetones, sino que también te permite obtener nuevas perspectivas y descubrir ideas frescas para inyectar diversión en lo cotidiano. Recuerda, la risa y la creatividad son contagiosas, así que deja que tu espíritu juguetón inspire a otros a conquistar sus propias tareas aburridas con un toque especial.

Con el Tablero de Desafíos Semanal como tu guía, estás listo para embarcarte en una aventura semanal donde la risa impulsa tus pasos y las victorias compartidas crean las recompensas más dulces.

Recuerda, este viaje no se trata solo de lograr metas, sino de abrazar lo inesperado y celebrar lo extraordinario en lo cotidiano. Entonces, toma tus marcadores, reúne a tu banda de alegres cómplices y ¡libera a tu héroe interior!

Consejos Adicionales:

- **Tematiza:** Inyecta una dosis adicional de emoción eligiendo un tema semanal para tu tablero. Transforma tu espacio vital en un barco pirata que lucha contra las temidas tareas, un castillo medieval conquistando al dragón de los deberes, o una bulliciosa estación espacial abordando quehaceres intergalácticos. Deja que tu imaginación vuele y observa cómo la semana se desenvuelve como una aventura de libro de cuentos.

- **Sábados de Intercambio de Habilidades:** Dedica un día de la semana para compartir habilidades y aprender unos de otros. Enseña a tus amigos tu rutina de yoga, aprende a hornear las famosas galletas de tu abuela de tu compañero de cuarto o domina el arte del origami juntos. Estas experiencias compartidas no solo acercan a las personas, sino que también añaden un toque de novedad a tus misiones semanales.

- **Recompensas Aleatorias:** Añade un toque de espontaneidad con una caja de "elige una recompensa". Llénala con pequeños obsequios, entradas de cine o cupones caseros para actividades divertidas. A medida que completes tareas, deja que alguien elija una recompensa al azar, agregando un elemento de sorpresa y risas a tus éxitos.

Recuerda, el Tablero de Desafíos Semanal es solo una brújula en tu viaje juguetón. Siéntete libre de adaptarlo a tus necesidades y preferencias únicas. Experimenta con diferentes formatos de metas, sistemas de recompensas e incluso decoraciones temáticas.

La clave es mantener viva la esencia de la juguetonía, abrazar el caos colaborativo y celebrar cada misión conquistada, grande o pequeña.

Así que, libera a tu aventurero interior, reúne a tu tribu y deja que el Tablero de Desafíos Semanal te guíe en una carrera de una semana llena de risas, victorias compartidas y la mágica alegría de transformar lo ordinario en algo extraordinario.

¡Que tus triunfos sean legendarios!

---

5 - EL DÍA DEL ENSOÑADOR "Y SI..."
Embarcate en un Viaje de Ensoñación "Y si..."

- ¿Sintiéndote como un hámster girando eternamente en la rueda de la vida?

Hoy, estamos dejando atrás lo mundano y bajándonos de la cinta de correr para un desvío caprichoso: un viaje al Día del Ensoñador "Y si...", un reino donde las limitaciones se disuelven y la imaginación reina supremamente.

Olvídate de los plazos, las listas de tareas pendientes y el zumbido incesante del mundo digital. Por este precioso momento, atraviesa un portal reluciente y adéntrate en un patio de recreo tejido con polvo de estrellas y pura alegría desenfrenada.

El Lienzo Fantástico

Desenchúfate y Relájate:

Deja atrás las pantallas, los dispositivos, el murmullo externo.

Encuentra un rincón tranquilo, cierra los ojos y toma algunas respiraciones profundas. Inhala paz, exhala estrés y deja ir las presiones diarias que se aferran como telarañas.

Este es tu escape mental, tu plataforma de lanzamiento hacia posibilidades ilimitadas.

Abre el Portal "Y si...":

Imagina lo que despierte tu fantasía: una puerta reluciente, un remolino voraz, una grieta en la tela de la realidad.

Atraviésalo, dejando atrás lo familiar.

Aquí, la gravedad afloja su agarre, el tiempo se doblega a tu voluntad y lo imposible se convierte en lo normal.

Inhala el aire vibrante de este mundo sin límites, donde las imposibilidades brillan como joyas dispersas y cualquier cosa que desee tu corazón puede desplegarse.

Sueña sin Límites:

Libera a tu visionario interior.

- ¿Cómo sería tu día ideal en este reino sin reglas?

- ¿Estás surcando galaxias a lomos de un dragón?

- ¿Dirigiendo una orquesta de luciérnagas?

- ¿Construyendo un castillo de arena del tamaño de una montaña?

Deja que tus sueños más salvajes y juguetones vuelen.

Pinta con el arcoíris, esculpe con las nubes y baila con la aurora boreal: esta es tu obra maestra, tu alegre sinfonía de imaginación sin restricciones.

Saborea la Sinfonía Sensorial:

No solo lo sueñes, ¡vívelo! Siente el calor del sol en tu piel, el viento azotando tu cabello, los colores vibrantes de tu mundo imaginado cobrando vida.

Escucha la risa de criaturas míticas, la melodía de campanillas de viento hechas de polvo de estrellas, la sinfonía de tu propio corazón jubiloso.

Saborea el gusto de la libertad, el aroma de posibilidades ilimitadas, el elixir embriagador de la maravilla pura y sin adulterar.

Captura la Chispa Juguetona:

Antes de regresar a tu día, aférrate a un fragmento de esta magia.

Encuentra un elemento, una chispa de alegría de tu aventura "Y si..." que puedas llevar de vuelta a tu realidad.

- ¿Es la emoción de volar, el fuego creativo de pintar galaxias, la conexión juguetona con criaturas fantásticas?

Que esto sea tu brújula, tu punto de referencia de regreso al mundo real, un recordatorio de que la alegría y la maravilla pueden existir incluso dentro de los límites de tu rutina.

Inyecta la Dosis Juguetona:

TEJE ESTA CHISPA EN TU VIDA COTIDIANA!

Programa una sesión de pintura, planea un picnic bajo las estrellas e incluso configura una alarma para un descanso de meditación de cinco minutos para reconectar con la paz que probaste en tu ensoñación.

Deja que la esencia juguetona de tu aventura impregne tu realidad, un suave recordatorio de que la alegría y la maravilla no son invitados fugaces, sino tesoros que puedes cultivar cada día.

Más Allá del Devaneo:

El Devaneo de "Y si..." no es solo una escapada mental; es una herramienta para redescubrir el espíritu juguetón interior. Es un recordatorio de que incluso el día más ordinario puede contener posibilidades de alegría, conexión y creatividad.

Entonces, atraviesa el portal, enciende tu imaginación y trae de vuelta una chispa de magia caprichosa para iluminar tu día. Recuerda, el poder de crear una vida vibrante no solo reside en la acción, sino también en los sueños que alimentan nuestra alegría.

El Devaneo de "Y si..." no es solo una fantasía fugaz; es una herramienta potente para crear una vida llena de alegría, creatividad y un toque de travesura encantadora.

El Devaneo de "Y si..." no se trata solo de escapar de la realidad; se trata de inyectar una rebeldía juguetona en tu vida cotidiana.

Implementando en tu Rutina

Registra tu Viaje: Despúes de tu Devaneo de "Y si...", anota tus experiencias en un diario. ¿Qué te sorprendió acerca de tu imaginación? ¿Qué chispas de alegría capturaste? Reflexionar sobre tu devaneo refuerza su impacto y te ayuda a integrar su espíritu juguetón en tu realidad.

Comparte la Maravilla: Conversa con amigos sobre tus aventuras más salvajes de "Y si...". Podrías sorprenderte con los hilos comunes y las posibilidades inspiradoras que surgen. Compartir estimula aún más la creatividad y les recuerda a todos que la alegría es un viaje en el que todos podemos embarcarnos, juntos.

Infunde tu Rutina: ¡A lo largo de tu día, toma mini-escapadas mentales! Cierra los ojos por un minuto e imagina que te elevas a través de tu mundo imaginado. Respira profundamente y recuerda los colores vibrantes, las sensaciones alegres, el espíritu juguetón de tu devaneo. Estos breves momentos de escape mental pueden infundir tu día regular con un toque de magia y mantener viva la chispa de la maravilla.

El Devaneo de "¿Y si...?" no es solo una fantasía pasajera; es una herramienta potente para crear una vida llena de alegría, creatividad y una pizca de travesura encantadora.

El Devaneo de "¿Y si...?" no se trata solo de escapar de la realidad; se trata de inyectar una rebeldía juguetona en tu vida cotidiana.

La clave es mantener viva la esencia juguetona, incluso cuando te enfrentas a lo mundano. Infunde tu día con risas, curiosidad y una pizca de lo inesperado. Acepta el "¿Y si...?" como una pregunta, no solo como una fantasía, y observa cómo tu vida se desenvuelve como un tapiz vibrante tejido con alegría.

Consejos adicionales:

- **Crea un frasco de "¿Y si...?":** Llena un frasco con trozos de papel, cada uno con una sugerencia juguetona de "¿Y si...?" como "¿Y si pudiera volar hoy?" o "¿Y si pudiera hablar con los animales?" Saca una sugerencia cada día y deja que inspire tus aventuras juguetonas.

- **Organiza una fiesta de "¿Y si...?":** Reúne a tus amigos y familiares y organiza una fiesta temática de "¿Y si...?" Decora con elementos fantásticos, vístete con disfraces inspirados en tus ensueños y comparte historias de tus "¿Y si...?" más salvajes.

- **Crea un club de "¿Y si...?":** Conéctate con otros que compartan tu amor por la imaginación juguetona. Inicia un club, organiza talleres de Devaneo de "¿Y si...?" o incluso escribe una historia colaborativa basada en los devaneos colectivos. ¡Las posibilidades son infinitas!

El Devaneo de "¿Y si...?" no es solo un viaje solitario; es un portal hacia la alegría compartida, la creatividad y la conexión. Así que, difunde el espíritu juguetón, enciende la chispa de la maravilla en otros y, juntos, permitan que sus imaginaciones tejan una tela de risas, asombro y travesuras encantadoras que alterarán para siempre el paisaje de su realidad.

¡Felices ensueños!

La sinfonía de tu vida no tiene por qué ser una cacofonía de estrés.

Con estas técnicas de gestión del tiempo llenas de alegría, puedes transformar incluso las tareas más mundanas en oportunidades para la alegría y el crecimiento personal.

Recuerda, la planificación no es una restricción rígida, sino un lienzo creativo.

Así que abraza el enfoque lúdico, experimenta y observa cómo tu productividad florece junto con tu felicidad.

¡Conduce la sinfonía de tu tiempo con un toque especial!

VENCIENDO EL CASTILLO DE LA PROCRASTINACIÓN:
Ejercicios Prácticos para la Transformación

CAPÍTULO 9: LA PIRÁMIDE DE LA PROCRASTINACIÓN:
Visualizando y Desmantelando las Excusas que Construimos

CAPÍTULO 10: EL PATIO POMODORO:
Dominar el Tiempo en Breves Ráfagas con Divertidas Técnicas Intervaladas

CAPÍTULO 11: LA REVOLUCIÓN DE LAS RECOMPENSAS:
Celebrar Pequeñas Victorias y Motivarte con Propósito

CAPÍTULO 12: HACKEADORES DE HÁBITOS:
Construir Nuevas Rutinas y Reemplazar Patrones de Procrastinación con Acciones Divertidas

---

"Prefiero lamentar las cosas que he hecho que lamentar las cosas que no he hecho."

- Lucille Ball

CAPÍTULO 9: LA PIRÁMIDE DE LA PROCRASTINACIÓN
Visualizando y Desmantelando las Excusas que Construimos

Todos conocemos al monstruo: la sombra imponente de la procrastinación, susurrándonos dulces palabras al oído mientras los plazos de entrega bailan una danza burlona de risas.

Hoy, ascendemos a la Pirámide de la Procrastinación, una estructura formidable construida no con ladrillos y mortero, sino con excusas e inseguridades.

A través de la visualización lúdica y el desmantelamiento estratégico, conquistaremos esta montaña mental, reclamaremos nuestro tiempo y saldremos victoriosos en la batalla contra el impulso de procrastinar.

Ahora compartimos contigo un Ejercicio de 5 Fases para Desmantelar la Pirámide:

DESMANTELANDO LA PIRÁMIDE DE LA PROCRASTINACIÓN
Una Búsqueda Caprichosa para el Dominio del Tiempo

¡Olvida las rutinas tediosas y las listas de tareas polvorientas! Hoy, nos embarcamos en una emocionante expedición hacia la Pirámide de la Procrastinación, un reino vibrante y siempre cambiante donde la productividad adopta la forma de búsquedas juguetonas y la gestión del tiempo se convierte en un juego cautivador.

Armados con herramientas caprichosas y acertijos estratégicos, navegaremos por los intrincados corredores de la Pirámide, burlaremos a los bromistas traviesos y recuperaremos tu legítimo dominio sobre tu horario.

Desvelando la Pirámide de la Procrastinación

Fase Uno:
Desenmascarando a los Bromistas Juguetones:

Antes de lanzarte a través de la Pirámide de los Enigmas, conoce a sus residentes; no temibles bestias, sino traviesos bromistas disfrazados.

El gnomo de la auto-duda susurra inseguridades, el duendecillo perfeccionista establece estándares imposiblemente altos, y el gremlin de la desorganización dispersa tus tareas como confeti.

¡Hazte amigo de estos culpables juguetones!

Comprender sus tácticas te capacita para crear herramientas específicas para desarmarlos. Imagina elaborar caprichosas "pociones disolventes de dudas" o construir "escudos temporales a prueba de perfeccionistas" – ¡deja que tu imaginación sea tu arma!

Fase Dos:
Priorizando con Elegancia:

No todos los enigmas dentro de la Pirámide tienen el mismo peso.

Imagina un mapa elaborado a partir de polvo de estrellas y risas, donde categorizas las tareas con el estilo de un aventurero experimentado.

Delega las diligencias mundanas a asistentes gnomos de confianza, programa bloques de enfoque para vencer a los dragones de las fechas límite.

Descompón las misiones abrumadoras en rompecabezas mordiscos, como recolectar destellantes gemas temporales para alimentar tu progreso.

Recuerda, el progreso, no la perfección, es la clave para desbloquear el portal temporal y escapar del agarre juguetón de la Pirámide.

Fase Tres:
Pociones Juguetonas y Herramientas Encantadas:

¡Combate las distracciones con un arsenal caprichoso! Equípate con amuletos de límite de tiempo para asignar ranuras dedicadas a tareas específicas y utiliza pociones de productividad como aplicaciones o temporizadores para mantenerte en camino.

¡Pero resiste la tentación de rutinas rígidas!

Añade recordatorios juguetones: citas motivacionales ocultas en pasajes secretos, un baile de victoria por rompecabezas completos, incluso un duendecillo de procrastinación de confianza que puedes expulsar juguetonamente cuando asome su traviesa cabeza.

Recuerda, la participación, no el agotamiento, es la clave para navegar por la Pirámide con alegría.

Fase Cuatro:
Cultivar Compañeros Compasivos:

La procrastinación a menudo se origina en ansiedades más profundas, como el miedo al fracaso o el gremlin impostor que susurra dudas.

RECONOCE ESTAS EMOCIONES SIN JUZGAR!

Practica la autocompasión, tratándote con la amabilidad que ofrecerías a un compañero aventurero perdido en los corredores de la Pirámide.

Celebra incluso pequeñas victorias, como derrotar a un troll de procrastinación o terminar una tarea antes de que el aliento ardiente de la fecha límite chamusque tus talones.

Al nutrir tu bienestar, construyes resistencia contra el atractivo del retraso y creas una base sostenible para el progreso a largo plazo.

Fase Cinco:
Celebración de los Triunfos:

¡Reconoce tus logros, grandes y pequeños, con el fanfarria que merecen!

- ¿Venciste al imponente dragón de la fecha límite?

- ¿Terminaste un proyecto complejo antes de lo previsto?

Date un merecido festín, celebra con tus compañeros aventureros o simplemente disfruta de un tranquilo momento de autoaprecio.

Reconocer tu progreso refuerza comportamientos positivos y alimenta el fuego motivacional para futuros empeños.

Recuerda, celebrar con entusiasmo te recuerda que conquistar la Pirámide es un viaje, no un destino, y está lleno de momentos dignos de alegres vivas.

Consejos Adicionales:

Comparte tu Libro de Hechizos: Habla sobre tus patrones de procrastinación y tácticas exitosas con tus compañeros aventureros. Las experiencias compartidas y la colaboración solidaria pueden fortalecer tu determinación e inspirar nuevas ideas para abordar rompecabezas desafiantes. Imagina organizar "Fiestas de Rompecabezas de Procrastinación" donde intercambias estrategias juguetonas y celebran victorias juntos.

Forma una Comunidad de Apoyo: Recluta compañeros de responsabilidad para mantenerte en el camino correcto y celebrar tus victorias. Rodearte de aliento positivo refuerza tu confianza y proporciona una red de seguridad para momentos de lucha. Visualiza formar una "Hermandad de la Búsqueda" con tus compañeros, donde ofrecen apoyo mutuo y se animan mientras navegan por los desafíos juguetones de la Pirámide.

Busca la Sabiduría de los Ancianos: Si te encuentras crónicamente abrumado por las vueltas y revueltas de la Pirámide, considera buscar orientación de un coach de productividad o terapeuta. Su experiencia puede proporcionarte herramientas y estrategias adicionales para superar desafíos persistentes. Imagina consultar a un sabio "Maestro del Tiempo" que ha conquistado la Pirámide innumerables veces y puede ofrecer orientación personalizada para elaborar un plan de escape adaptado a tus desafíos únicos.

La Pirámide del Rompecabezas de la Procrastinación te espera, no como un laberinto desalentador, sino como un vibrante patio de recreo donde la gestión del tiempo se convierte en una emocionante aventura.

Abraza el espíritu juguetón, empuña tus herramientas caprichosas y navega por los pasillos del Palacio con risas, resiliencia y la satisfacción alegre de reclamar tu tiempo.

Recuerda, tú eres el héroe de tu propia historia, y dentro de las paredes juguetonas del Palacio del Rompecabezas yace el potencial para desbloquear tu máximo rendimiento y trazar un curso hacia un futuro rebosante de productividad y realización.

El Camino se Despliega con Cada Rompecabezas Resuelto: No te enfoques en la gran salida; saborea los desafíos juguetones a lo largo del camino. Cada gremlin de la procrastinación vencido, cada gema del tiempo recolectada, cada tarea completada es un triunfo, allanando el camino para un viaje más fluido por delante.

La Risa es el Antídoto para la Demora: Inyecta absurda diversión en tu rutina. Canta a tu dragón de la fecha límite, ten un enfrentamiento de baile con el gremlin de la desorganización o escribe tu lista de tareas con tinta invisible que solo aparece cuando te ríes. La risa desarma a los burladores y mantiene tu espíritu en ascenso.

La Colaboración Alimenta la Llama de la Victoria: ¡No estás solo en tu búsqueda! Comparte tus luchas y triunfos con compañeros aventureros. Anímense mutuamente, ofrezcan empujones juguetones cuando sea necesario y celebren las victorias juntos. La Pirámide puede ser vasta, pero los lazos de camaradería hacen que el viaje sea aún más emocionante.

El Poder Radica en tu Interior: No esperes un hechizo mágico o un giratiempo mítico. Tienes el poder de conquistar la Pirámide dentro de ti. Tu autocompasión es tu poción mágica, tu espíritu juguetón tu armadura encantada y tu determinación inquebrantable tu fiel corcel. Cree en tu propia destreza y las paredes de la Pirámide se desmoronarán ante tu persistencia juguetona.

El Viaje Nunca Termina: Recuerda, conquistar la Pirámide del Rompecabezas de la Procrastinación es una búsqueda de toda la vida, no una victoria única. Habrá desvíos, tropezones juguetones y el ocasional encuentro con un burlón especialmente travieso. Pero con cada paso, con cada risa, con cada triunfo celebrado, perfeccionas tus habilidades, fortaleces tu determinación y escribes una historia de maestría del tiempo llena de vibrantes momentos de logros alegres.

Así que emprende tu búsqueda juguetona con un corazón lleno de risas, una mente rebosante de soluciones creativas y un espíritu inflexible en su búsqueda de la maestría del tiempo.

CAPÍTULO 10: EL PATIO POMODORO
Dominando el Tiempo en Breves Estallidos con Divertidas Técnicas de Intervalos

¿Te sientes abrumado por montañas de tareas y océanos de plazos?

Hoy, cambiamos las herramientas tradicionales de gestión del tiempo por un patio vibrante: ¡el Patio Pomodoro!

Deshazte de los horarios rígidos y las listas de tareas que generan culpa.

Aquí, conquistamos tareas en ráfagas juguetonas, celebramos el progreso con miniaventuras y transformamos la productividad en un emocionante juego.

Así que toma a tu niño interior, ponte el casco de viaje en el tiempo y prepárate para dominar tus minutos con un espíritu alegre.

Ahora compartimos contigo un ejercicio para dominar el tiempo en el Patio Pomodoro:

DOMINAR EL TIEMPO EN EL PATIO POMODORO

¡Olvídate de la tediosa rutina de las tareas y de la monotonía polvorienta de las listas de cosas por hacer!

Nos encontramos al borde de un portal fantástico, a punto de adentrarnos en el Patio Pomodoro, un reino vibrante donde las tareas se transforman en épicas misiones, la concentración se convierte en juego láser afilado, y el tiempo mismo se doblega ante la voluntad de tu espíritu juguetón.

Así que ponte tu capa de aventurero metafórico, abrocha tus botas de viaje en el tiempo y prepárate para conquistar la procrastinación con una sonrisa traviesa.

Una Odisea Caprichosa de Diversión Enfocada

Diseña tu Escondite Soñado:

Ningún explorador intrépido se aventura sin un refugio digno.

Imagina tu espacio de trabajo ideal, un portal hacia tu utopía personal.

Visualiza una cabaña de playa bañada por el sol con hamacas, donde la brisa salada susurra palabras de aliento y las olas del océano tararean una sinfonía de productividad.

Quizás anheles una acogedora casa en el árbol entre hojas vibrantes, donde la luz solar filtra como tesoro moteado, encendiendo tu chispa creativa.

O tal vez tu alma anhela la salada bruma de un barco pirata navegando por un mar de plazos, con tu cronómetro de loro confiable en el hombro, cacareando cánticos motivacionales.

Sea lo que sea que desee tu corazón caprichoso, crea este refugio juguetón en tu escritorio, infundiéndolo con colores vibrantes, citas inspiradoras y todo lo que despierte al héroe interno.

Recuerda, un entorno alegre alimenta las ráfagas enfocadas e enciende el fuego juguetón interior.

Configura el Temporizador para la Aventura:

Tu fiel Pomodoro, un reloj de arena de 25 minutos, te espera. Elige una tarea, cualquier tarea, desde matar al dragón de los correos electrónicos hasta vencer al demonio de los archivos.

Esto no es solo un elemento de la lista de cosas por hacer; ¡es una misión digna de una canción y una leyenda!

Ajusta el temporizador, canaliza tu guerrero interior, piensa en Robin Hood enfrentándose a la documentación, no en un cansado oficinista, y sumérgete en el desafío con un enfoque láser.

Recuerda, esto no es una maratón de agotamiento, sino una ráfaga de determinación juguetona. Que el reloj sea tu cuenta regresiva hacia la gloria, ¡no tu enemigo!

Celebra las Mini-Victorias:

Cuando suena el temporizador, ¡la victoria es tuya!

- ¿Derrotaste a la hidra del correo electrónico o domesticaste a la bestia de la hoja de cálculo?

No importa la tarea, cada Pomodoro conquistado es un mini-logro, una pluma triunfante en tu capa juguetona.

Recompénsate con un baile victorioso, un puño en alto digno de un guerrero legendario o incluso una rápida visita al hada de los aperitivos (¡opciones saludables solamente, pirata!).

Recuerda, celebrar el progreso, no solo la finalización, mantiene encendida la llama de la motivación.

Deja que cada mini-victoria sea un trampolín que te impulse hacia el próximo desafío emocionante.

Potencia con Intervalos Juguetones:

El Patio Pomodoro no se trata de rutinas rígidas; es una colorida tela tejida con exploración dinámica.

Después de tu mini-celebración, elige tu próximo desafío, pero con un giro juguetón.

Alterna la intensa concentración en diferentes tareas con ráfagas creativas: escribe un poema fantástico sobre tu hoja de cálculo conquistada, dibuja un retrato del dragón vencido del correo electrónico.

Añade algunos desafíos físicos para darle un toque interesante: saltos entre tareas, sentadillas mientras esperas a que ese molesto documento se cargue.

Manténlo dinámico, mantenlo sorprendente y observa cómo tu productividad se dispara sobre alas de participación alegre.

Deja que la creatividad sea tu brújula, la risa tu combustible y la sorpresa tu arma secreta.

Reflexiona y Perfecciona:

Al final de tu día, reúne tus notas de tus aventuras en el Patio Pomodoro.

- ¿Requirieron ciertas tareas sprints más largos?
- ¿Algunas mini-aventuras te energizaron más que otras?

Usa estos conocimientos para perfeccionar tu enfoque en futuras misiones.

Quizás la bestia de la hoja de cálculo necesite una batalla de dos Pomodoros, mientras que la hidra del correo electrónico puede ser derrotada en una sola ráfaga enfocada.

Adáptate, experimenta y mantén tu patio en evolución, asegurándote de que siga siendo un espacio para la diversión enfocada y el progreso triunfal.

Recuerda, el viaje de autodescubrimiento es tan importante como el destino.

Más Allá de las Puertas del Patio:

• **Comparte tus Botines:** Habla sobre tus tácticas Pomodoro y celebra victorias con tus compañeros aventureros. Compartir estrategias juguetonas y animarse mutuamente fortalece tu determinación y mantiene alto el factor divertido. ¡Quizás incluso organizar "Torneos del Patio" para ver quién puede conquistar la mayor cantidad de tareas con el toque más juguetón! Deja que la risa resuene por los pasillos y que la motivación sea un mapa del tesoro compartido.

• **Diseña un Mapa de Búsqueda:** Crea una representación visual de tus tareas diarias, incorporando temas juguetones y mini recompensas por Pomodoros completados. Úsalo como una hoja de ruta para mantenerte en camino y recordarte que el viaje es tan importante como el destino. Deja que tu mapa sea un lienzo para tu imaginación, un testimonio de tu espíritu juguetón.

• **Busca la Sabiduría de los Maestros:** Si te resulta difícil mantenerte concentrado o te sientes abrumado por la rutina, considera buscar la orientación de coaches de productividad o expertos en gestión del tiempo. Sus conocimientos y herramientas pueden ayudarte a perfeccionar tu enfoque juguetón y dominar el arte de conquistar tu tiempo con diversión enfocada. Recuerda, incluso los aventureros más experimentados buscan el consejo de sabios ancianos.

El Patio Pomodoro no es solo un escape temporal; es una filosofía juguetona para reclamar tu tiempo e inyectar alegría en cada tarea. ¡Así que adelante, aventureros, y pinte sus días con trazos vibrantes de diversión enfocada y productividad juguetona!

Que tus misiones sean épicas, tus victorias celebradas y tu tiempo para siempre tuyo, un patio conquistado no por el trabajo duro, sino por el espíritu alegre del héroe que dobla el tiempo que vive en ti.

Que la risa sea tu grito de guerra, el enfoque tu espada encantada y la creatividad tu fiel corcel. El Patio Pomodoro espera, sus portales siempre abiertos para aquellos que se atreven a soñar, jugar y conquistar.

**Entonces, toma tu temporizador
y libera tu espíritu juguetón.**

CAPÍTULO 11: LA REVOLUCIÓN DE LAS RECOMPENSAS
Celebrando Pequeñas Victorias y Motivándote con Propósito

¿Alguna vez persigues plazos como un hámster en una rueda, llegando a la meta solo para encontrar... otro plazo esperando?

Hoy, dejamos atrás la rutina impulsada por la culpa y desatamos el poder de celebrar pequeñas victorias.

Alimentamos nuestra motivación con pasión, no con presión, y transformamos cada revisión de progreso en una mini fiesta de alegría.

Así que toma tu cañón de confeti de autoaprecio y prepárate para bailar hacia un viaje más gratificante y guiado por un propósito.

Ahora compartiremos contigo 5 Pasos para Encender la Revolución de las Recompensas:

LA REVOLUCIÓN DE LAS RECOMPENSAS
El Manifiesto de la Revolución de las Recompensas

Olvida las listas de tareas secas y las hojas de cálculo estériles. Hoy, encendemos una Revolución de las Recompensas, una rebelión juguetona contra la tiranía de la motivación mundana. Cambiamos las casillas de verificación vacías por cofres de tesoros vibrantes y transformamos el progreso en una búsqueda épica, donde cada hito es una victoria triunfante que se celebra con bailes jubilosos.

Así que toma tu cañón de confeti metafórico y prepárate para reescribir las reglas del logro con alegría, propósito y una buena dosis de aplausos juguetones para ti mismo.

Define tu Tesoro Oculto:

¿Qué enciende a tu héroe interior?

- ¿Es una rebanada decadente de pastel de chocolate?

- ¿Una caminata enérgica bañada por la luz dorada?

- ¿Un trazo en un lienzo de sueños?

- ¿Una carcajada compartida con un amigo peludo?

Identifica una colección diversa de "micro-motivadores", pequeñas recompensas que realmente despiertan tu alegría.

Crea un cofre de tesoros personalizado, un escondite secreto de incentivos juguetones adaptados a tu alma única.

Recuerda, las recompensas intrínsecas, no las presiones externas, alimentan el fuego del progreso duradero.

Mapea tus Hitos:

Desglosa tus objetivos en "miniaventuras", pasos pequeños en tu camino hacia el premio final.

Etiqueta cada paso con un nombre que encienda tu propósito, no solo una fecha límite.

En lugar de "Terminar el Capítulo 3", escribe "Derrotar al Dragón del Argumento" o "Construir el Latido del Relato".

Deja que tus hitos sean susurros inspiradores, guiándote por un camino pavimentado con anticipación juguetona.

Celebra Cada Punto de Control:

Alcanzar un hito no se trata solo de marcar una casilla; es un momento triunfal digno de un desfile de victoria.

No entierres tu progreso bajo una pila de "por hacer".

Detente, saborea el logro y ¡abre tu cofre de tesoros!

Disfruta de tu recompensa elegida, ya sea un baile con tu amigo peludo, una salpicadura de pintura vibrante en tu lienzo o un bocado indulgente de ese delicioso pastel.

Deja que la ola de alegría te envuelva, reconociendo tu progreso y avivando el fuego para el siguiente paso.

Rastrea tus Triunfos:

Crea una tapicería visual de tu viaje, un testimonio de tu dedicación y espíritu juguetón.

Diseña un gráfico de progreso adornado con símbolos de tu pasión, un tablero de victorias rebosante de colores vibrantes o incluso una lista de reproducción celebratoria que estalle de alegría en cada punto de control.

Deja que cada hito sea un trazo en este lienzo, una canción en tu sinfonía de progreso.

Cada vez que celebres, agrega un toque, una pegatina, una nueva melodía; deja que tu viaje sea un recordatorio visible de tu propósito y determinación juguetona.

Conéctate con tu Por Qué:

Déjate llevar por la rutina diaria y reconéctate con tu "por qué" más grande.

- ¿Por qué estás en este viaje?

- ¿Qué significan realmente para ti la consecución de tus objetivos?

- ¿Es construir una vida de libertad, dejar un legado creativo o simplemente convertirte en la mejor versión de ti mismo?

Recuérdate la pasión que alimenta tu fuego y deja que sea la luz guía para tus recompensas.

Elige incentivos que se alineen con tu propósito más profundo, asegurando que cada celebración nutra no solo tu cuerpo, sino también tu alma.

La Revolución de las Recompensas no se trata de gratificación instantánea; se trata de inyectar un propósito juguetón en cada paso de tu viaje. Se trata de recordarte a ti mismo que el progreso, incluso el más pequeño avance, merece una lluvia de confeti de autoaprecio.

Entonces, libera a tu héroe interior, baila con tus hitos y deja que la alegría del logro alimente tu camino hacia una vida plena y orientada al propósito. Recuerda, cada victoria celebrada es un triunfo no solo para tus objetivos, sino también para tu espíritu, ¡y esa es una revolución que vale la pena cantar!

Más allá del Manifiesto:

Comparte tus Botines: ¡Discute tus estrategias de recompensa con otros aventureros! Intercambia "micro-motivadores", celebra las victorias de los demás y crea una comunidad solidaria donde la alegría impulse la motivación y la risa resuene por los pasillos del progreso.

Conviértete en un Alquimista de Recompensas: Diseña rituales personalizados para celebrar hitos. Escribe un poema de victoria después de vencer un desafío de escritura, compón una danza festiva después de dominar una nueva habilidad o planta un "árbol de la victoria" por cada proyecto completado. Deja que tus celebraciones sean tan únicas y creativas como tu espíritu.

Desafía a los Duendes de la Procrastinación: ¡No dejes que la auto-duda robe tu confeti! Cuando la procrastinación susurre negatividad, contrarresta con tu recompensa elegida. Visualiza ese trozo de pastel, imagina las pinceladas en tu lienzo y deja que la anticipación de la alegría te impulse hacia adelante. Recuerda, tu espíritu juguetón es tu arma más poderosa contra los duendes del aplazamiento.

¡Que tu viaje esté pavimentado con propósito, progreso y una interminable lluvia de confeti de autoaprecio! Pinta tus victorias en el lienzo del tiempo, canta tus triunfos por los valles de los desafíos y recuerda: la mayor recompensa no es el destino, sino el alegre baile del logro, ¡un paso juguetón a la vez!

¡Adelante, héroes de la Revolución de las Recompensas!

CAPÍTULO 12: HACKEADORES DE HÁBITOS:
Construir Nuevas Rutinas y Reemplazar Patrones de Procrastinación con Acciones Divertidas

¿Alguna vez sientes que tu rutina diaria es como un disco antiguo atascado en repetición, tocando la misma canción de procrastinación y aspiraciones no cumplidas?

Hoy, no solo estamos cambiando la canción, ¡estamos reconfigurando todo el equipo de música!

Bienvenidos a los "Hackers de Hábitos", una pandilla traviesa armada con herramientas juguetonas y entusiasmo contagioso, lista para transformar tus patrones de procrastinación en caminos de alegría productiva.

¡Deja atrás los viajes de culpa y los horarios rígidos, porque en este taller, construimos nuevas rutinas alimentadas por la diversión y potenciadas por el progreso!

Ahora compartiremos contigo 5 pasos para reiniciar tus hábitos con acciones juguetonas:

HABIT HACKERS
El Manifiesto de los Hackers de Hábitos

¡Olvídate de las cadenas polvorientas de la rutina y de la monótona tiranía de las listas de tareas! Hoy nos declaramos Hackers de Hábitos, rebeldes juguetones contra las fuerzas de la procrastinación. Cambiamos los horarios rígidos por emocionantes búsquedas, las tareas mundanas por miniaventuras y el miedo al fracaso por una lluvia de confeti de autoaprecio.

Así que toma tu joystick metafórico, ajusta tu imaginación a "alto" y prepárate para reescribir las reglas de la formación de hábitos con una sonrisa traviesa y un espíritu juguetón.

Identifica a los Gremlins de la Procrastinación:

Todo héroe debe conocer a sus adversarios.

Toma tu libreta y libera a tu detective interior.

Enumera las tareas que te ponen los pelos de punta, aquellas que habitualmente empujas hacia el fondo de la lista de cosas por hacer que nunca deja de crecer.

¡Pero no las enumeres solo, ponles nombre!

Da nombres tontos, que desarmen el miedo, a estos gremlins: el "Leviatán de la Lavandería", la "Hidra de los Correos Electrónicos", la "Sirena del Desplazamiento Infinito en el Teléfono".

Entender a tus enemigos es el primer paso para burlarlos y reclamar tu tiempo.

Diseña Antídotos Juguetones:

Para cada gremlin, crea un antídoto juguetón tan potente que haría que un unicornio resople arcoíris.

- ¿Le temes a la cocina como si fuera la guarida de un dragón?

Convierte las compras en una búsqueda del tesoro culinaria, donde cada artículo es una pieza de una receta fantástica.

- ¿La limpieza se siente como una tarea propia de un troll?

Haz estallar tu música favorita y transfórmalo en una fiesta llena de movimiento, con plumeros como varitas mágicas y suelos jabonosos como tu reluciente campo de batalla.

Recuerda, cuanto más divertido sea el antídoto, más débil será el agarre del gremlin y más rápido despegará tu progreso.

Manía de Mini-Búsquedas:

- ¿Quién dice que matar dragones tiene que ser una saga épica?

Descompón tus objetivos en mini-búsquedas de bocado, cada una un desafío emocionante digno de un puño en alto celebratorio.

En lugar de "Escribir 500 Palabras", escribe "Matar al Ogro del Bloqueo de Escritura (¡500 palabras a la vez!)".

Sustituye "Practicar Guitarra durante 15 Minutos" por "Conquistar a la Quimera Acordada (15 minutos de maestría musical)".

Cada búsqueda completada te gana una recompensa juguetona, un mini-tesoro en tu camino hacia el premio final: una vida transformada por hábitos alegres.

El Patio de Juegos de la Acumulación de Hábitos:

¿Recuerdas esos bloques de construcción de la infancia que desataban una creatividad interminable?

¡Es hora de volver a visitar esa alegría!

Apila hábitos más pequeños y fáciles sobre los más grandes y temidos.

Lee un capítulo después de revisar los correos electrónicos, medita antes de abordar tu bandeja de entrada.

Estas combinaciones juguetonas generan impulso, haciendo que las tareas desalentadoras se sientan como escalones en lugar de montañas.

Piensa en ello como construir una escalera con globos: ligera, colorida y sorprendentemente efectiva para alcanzar tus metas.

Celebra las Carreras, No Solo la Línea de Meta:

¡Abandona la mentalidad de hacerlo una vez y ya está!

El progreso no es una carrera lineal; es una vibrante danza de victorias diarias.

Celebra pequeños triunfos, reconoce el progreso diario y recompénsate incluso por los pasos más pequeños hacia adelante.

Un puño en alto por terminar una mini-búsqueda, un descanso para bailar después de cumplir con un plazo: cada victoria merece un fanfarria juguetona.

Recuerda, son las consistentes lluvias de confeti, no la lejana línea de meta, las que mantienen rugiendo tu motor de motivación.

Los Habit Hackers no se tratan de fuerza bruta; se trata de burlar a los gremlins de la procrastinación con un arsenal juguetón de creatividad y alegría.

Reescribimos las reglas, no con presión, sino con impulso. Abrazamos lo ridículo, celebramos las pequeñas victorias y observamos cómo nuestros antídotos juguetones transforman nuestras rutinas en un vibrante patio de juegos de progreso y satisfacción.

Así que, adelante, Habit Hackers, que tus acciones juguetonas reescriban la banda sonora de tu vida, una mini-búsqueda, un nombre tonto, una lluvia de confeti a la vez.

Más allá del Manifiesto:

Comparte tus Botines: ¡Discute tus tácticas juguetonas de hackeo de hábitos con tus compañeros héroes! Intercambia antídotos, celebra las victorias de los demás y crea una comunidad de apoyo donde la risa alimenta la motivación y el progreso juguetón resuena por los pasillos digitales.

Diseña un Mapa Juguetón del Progreso: ¡Visualiza tu trayectoria! Diseña un gráfico adornado con personajes peculiares, cada uno representando tus gremlins y antídotos. Marca tus victorias con explosiones de confeti, garabatos y pegatinas tontas. Deja que tu mapa de progreso sea un vibrante testimonio de tu determinación juguetona.

Desafía al Crítico Interno: ¡No dejes que la duda te robe tu confeti! Cuando los pensamientos negativos susurren, contrarréstalos con tu antídoto más potente: una explosión de jugosa autoconfianza. Canaliza a tu animador interior, escribe un mantra empoderador o simplemente recuérdarte a ti mismo: "Incluso los héroes tropiezan, pero los héroes juguetones siempre se levantan y siguen bailando".

¡Adelante,
Héroes de la revolución Habit Hacker!

SECCIÓN DE BONIFICACIÓN:

MANUAL DE LA PROCRASTINACIÓN:

10 IDEAS ADICIONALES
PARA EL MANUAL DE LA PROCRASTINACIÓN

---

1. La "Remix Pomodoro del 'No entres en pánico'"

2. La "Ruleta de Recompensas"

3. La "Fiesta de Personas Procrastinadoras"

4. El "Bosque del Enfoque"

5. El "Desafío de Microtareas"

6. La "Cuenta Regresiva de Confeti"

7. La "Búsqueda de Citas"

8. La "Lista de Reproducción de Productividad"

9. El "Compañero de Responsabilidad para el Enfoque"

10. La "Cápsula del Tiempo del Triunfo"

MANUAL DE LA PROCRASTINACIÓN:

1. **La "Remix Pomodoro del 'No entres en pánico'"**

Cuando las tareas parezcan abrumadoras, ofrece un giro al Pomodoro con un "¡No entres en pánico!" Configura un temporizador de 5 minutos y concéntrate únicamente en calmarte con respiraciones profundas, ejercicios de atención plena o un breve descanso para reír. Recárgate y luego aborda la tarea con renovado enfoque.

2. **La "Ruleta de Recompensas"**

¿Cansado de recompensas predecibles? Crea una ruleta personalizada con diferentes actividades divertidas. ¡Gírala después de cada tarea completada y abraza el elemento sorpresa! Una recompensa espontánea puede reavivar la motivación.

3. **La "Fiesta de Personas Procrastinadoras"**

Canaliza tu comediante interno y crea una persona hilarante para tus tendencias procrastinadoras. Dale un disfraz, una frase característica e incluso actúa escenas de lucha contra ella. El humor puede disolver la tensión y hacer que abordar la tarea sea más agradable.

4. **El "Bosque del Enfoque"**

Crea un "Bosque del Enfoque" digital donde los árboles crezcan más altos con cada tarea completada. Ver tu bosque florecer proporciona un recordatorio visual del progreso y te motiva a seguir plantando (es decir, completando tareas).

5. **El "Desafío de Microtareas"**

¿Te sientes atascado? Establece mini desafíos dentro de tu tarea principal. Escribe una sola oración para un proyecto de escritura, dibuja un personaje para una ilustración o responde a una pregunta para un trabajo de investigación. Las pequeñas victorias alimentan el impulso y ayudan a descomponer tareas aparentemente abrumadoras.

6. La "Cuenta Regresiva de Confeti"

¡Añade un estallido de celebración! Crea un temporizador personalizado que explote en confeti virtual con cada tarea completada. La recompensa visual alimenta el refuerzo positivo y hace que el progreso se sienta especialmente satisfactorio.

7. La "Búsqueda de Citas"

Recopila una lista de citas inspiradoras sobre enfoque y productividad. Colócalas en lugares aleatorios alrededor de tu espacio de trabajo, convirtiendo encontrarlas en una mini-búsqueda que refresca tu motivación a lo largo del día.

8. La "Lista de Reproducción de Productividad"

Crea una lista de reproducción de música optimista y energizante específicamente para tus sesiones de concentración. Sube el volumen cuando abordes tareas y observa cómo tu productividad se dispara al ritmo de la música.

9. El "Compañero de Responsabilidad para el Enfoque"

Encuentra a un amigo o colega que también esté luchando contra la procrastinación. Establezcan desafíos, compartan actualizaciones de progreso y celebren victorias juntos. El elemento social añade una capa de responsabilidad y hace que conquistar obstáculos sea más divertido.

10. La "Cápsula del Tiempo del Triunfo"

Dedica una caja física o digital para recopilar recuerdos de tu progreso: capturas de pantalla de tareas completadas, notas de logros o incluso garabatos tontos que celebren pequeñas victorias. Revisitar esta "Cápsula del Tiempo" te recuerda tu trayectoria y alimenta la motivación futura.

CONCLUSIÓN:

DE ROMPECABEZAS JUGUETÓN A MAESTRO DE LA PRODUCTIVIDAD:
Celebrando tu Transformación y Abrazando un Futuro Centrado

¡Mientras el confeti cae en tu última danza de victoria, felicidades!

Has abordado los caminos sinuosos del Patio de la Procrastinación, conquistado los castillos de la duda propia y emergido como un Maestro de la Productividad. Tu caja de herramientas rebosa con antídotos juguetones y hábitos coloridos, tu espíritu resuena con la alegría recién descubierta de conquistar tareas en ráfagas enfocadas.

Pero antes de que te vayas saltando hacia la tierra de plazos cumplidos perpetuos, tomemos un momento para celebrar tu transformación y trazar tu futuro viaje.

DE RED DE TAREAS ENREDADAS A BRÚJULA CLARA:

¿Recuerdas la jungla enredada de listas de tareas y las fechas límite que alguna vez te tenían cautivo?

Esas han sido reemplazadas por mapas vibrantes y miniaventuras, ahora tus prioridades tan claras como un sendero forestal iluminado por el sol.

Tu enfoque juguetón no solo ha hecho que el progreso sea menos doloroso; lo ha convertido en un emocionante rompecabezas por resolver, una tarea colorida a la vez.

ENFÓCATE CON ELEGANCIA:

¡Adiós, horarios rígidos y presiones autoinfligidas!

Has redefinido el enfoque no como una jaula sofocante, sino como un baile juguetón con el tiempo.

El temporizador Pomodoro es tu aliado, no tu dictador, y tus ráfagas de concentración están marcadas por mini celebraciones que alimentan tu espíritu.

Has aprendido a aprovechar el poder de las ráfagas cortas e intensas, aprovechando al máximo cada minuto precioso.

MOTIVACIÓN POTENCIADA POR LA ALEGRÍA:

¿Quién necesita viajes de culpa y charlas serias cuando tienes lluvias de confeti y pausas de baile tontas?

Has descubierto el combustible secreto de la alegría, las recompensas juguetonas que encienden el fuego de tu motivación.

Cada tarea conquistada es motivo de celebración, cada hito una mini fiesta.

Esto no se trata solo de marcar casillas; se trata de pintar tu viaje con los colores vibrantes del logro y la autoapreciación.

LA AVENTURA CONTINÚA:

Las herramientas que has adquirido no son solo para ayer, sino para cada día que se extiende ante ti.

El Patio de la Procrastinación permanece abierto, la Revolución de Recompensas llama, y los castillos de duda ahora yacen en ruinas.

Lleva contigo estas estrategias, adáptalas a tu paisaje siempre cambiante y continúa inyectando alegría en tu búsqueda de metas.

ABRAZA EL FUTURO JUGUETÓN:

Al dar el paso al siguiente capítulo, recuerda esto: la productividad no tiene que ser un sombrío paseo por un desierto de fechas límite.

Puede ser una danza vibrante en un bosque de posibilidades, alimentada por tu espíritu juguetón y avivada por las pequeñas y deliciosas victorias que celebras en el camino.

Entonces, adelante, Jugador Juguetón, ahora un Maestro de la Productividad, mantén cerca a tu niño interior, tus herramientas listas y tu cañón de confeti listo.

El mundo espera tus alegres logros, y cada sprint enfocado, cada mini recompensa, cada tonta danza victoriosa es un testimonio del poder del juego en un mundo que lo necesita desesperadamente.

Recuerda, el Patio del Enfoque nunca se cierra verdaderamente, es un estado mental que llevas contigo, un recordatorio de que el progreso puede ser divertido, que el enfoque puede ser una danza y que conquistar la procrastinación siempre merece una vuelta celebratoria de confeti.

ACERCA DEL AUTOR

Arthur Kaptein es un experimentado consultor de carrera y liderazgo, así como un especialista altamente calificado en lluvia de ideas, con más de 15 años de experiencia en la industria. Con su amplio conocimiento y experiencia en consultoría de carrera, consultoría de liderazgo y mejora de procesos, se ha convertido en un asesor de confianza para individuos y organizaciones que buscan maximizar su potencial.

A lo largo de su carrera, Arthur ha ayudado a numerosos profesionales a navegar por sus trayectorias profesionales, capacitándolos para tomar decisiones informadas y alcanzar sus metas profesionales. A través de sesiones de coaching personalizadas, ayuda a las personas a identificar sus fortalezas, aclarar sus aspiraciones y trazar planes de acción concretos para el éxito. Con una comprensión aguda del mercado laboral y las tendencias de la industria, Arthur dota a sus clientes de las herramientas y estrategias necesarias para destacar en el competitivo panorama profesional actual.

Como consultor de liderazgo, Arthur ha trabajado con ejecutivos y gerentes en diversas industrias, brindándoles orientación y apoyo para mejorar sus habilidades de liderazgo y impulsar el crecimiento organizacional. Aprovecha su profundo conocimiento de los principios y metodologías de liderazgo efectivo para ayudar a los líderes a perfeccionar sus habilidades de comunicación, toma de decisiones y resolución de problemas. Al fomentar un entorno de trabajo colaborativo y empoderador, Arthur ayuda a las organizaciones a optimizar la dinámica de sus equipos y lograr un éxito sostenible.

Además de su experiencia en consultoría de carrera y liderazgo, Arthur es ampliamente reconocido por su habilidad en mejora de procesos. Posee una capacidad única para analizar sistemas complejos, identificar ineficiencias e implementar estrategias específicas para optimizar operaciones. Su experiencia en mapeo de procesos, análisis de datos y optimización del rendimiento ha resultado fundamental para ayudar a las organizaciones a mejorar su productividad, reducir costos y aumentar la eficiencia general.

Arthur es conocido por su trato accesible, su naturaleza empática y su dedicación al éxito de sus clientes. Tiene un sólido historial de ofrecer resultados tangibles y generar cambios transformadores. Su enfoque integral y orientado al futuro, combinado con sus excepcionales habilidades para resolver problemas, lo convierten en un consultor muy solicitado en el campo.